Spanisch fürs Gespräch

Langenscheidt

Spanisch fürs Gespräch

Ein modernes Konversationsbuch

von Alejandro Fajardo Aguirre
und der Langenscheidt-Redaktion

Langenscheidt

Berlin · München · Wien · Zürich · New York

Titelfoto: Photo Press Bildagentur GmbH, Stockdorf/München

www.langenscheidt.de

Satz: Druckhaus „Thomas Müntzer", Bad Langensalza
Druck: Mercedes-Druck GmbH, Berlin
Printed in Germany
ISBN 978-3-468-42343-7

4. 5. 6. 7. 8. * 11 10 09 08 07

Vorwort

Für erste sprachliche Kontakte im Ausland genügt ein Sprachführer in Verbindung mit einem kleinen Wörterbuch. Hat man aber bereits Grundkenntnisse und strebt eine intensivere Unterhaltung in spanischer Sprache an, so ist das vorliegende Buch „Spanisch fürs Gespräch“ eine große Hilfe.

Dieses bietet – nach Möglichkeit in sinnvollen „Minidialogen“ – zeitgemäße, praktische Redewendungen und Argumente, die nach Sachgebieten geordnet sind. Im Selbststudium oder auf der Reise benutzt, ermöglicht es eine Unterhaltung in einem breiten Spektrum von Themen und Situationen.

Ob beruflicher Alltag oder Schule, Freizeitaktivitäten oder Umwelt, Politik oder persönliche Daten – dieses moderne Konversationsbuch gibt dem Lernenden die nötige Sicherheit in der Unterhaltung. Auch für die bei Spaniern so beliebte „charla“ – die oberflächliche Konservation, das belanglose Geplauder – werden Redemittel bereitgestellt.

In der Behandlung der Gesprächsstoffe wird den unterschiedlichen Aspekten im täglichen Leben zwischen Ländern im deutschsprachigen Raum und den entsprechenden spanischen Gegebenheiten Rechnung getragen. Ebenso werden die lateinamerikanischen Gegebenheiten in einem eigenen Kapitel berücksichtigt.

Ein ausführliches Sachregister und Inhaltsverzeichnis erleichtern das Auffinden des gesuchten Themas. Piktogramme dienen als visuelle Hilfen und zur Einstimmung des Benutzers auf das jeweilige Sachgebiet.

„Spanisch fürs Gespräch“ gibt somit jedem Spanischlernenden mit Vorkenntnissen die Sachinformationen und Redemittel für eine große Anzahl interessanter Gespräche. Die angebotenen „Sprachbausteine“ kann der Tourist ebenso benutzen wie der Geschäftsreisende; dem Lerner in der Erwachsenenbildung oder in der Schule werden sie ebenso eine Hilfe sein wie dem Senior, der zum wiederholten Mal Spaniens Kulturstätten bereist.

Das vorliegende Buch basiert auf der Tradition der Langenscheidt-Konversationsbücher, die sich seit Jahrzehnten bewährt haben. „Spanisch fürs Gespräch“ ist jedoch völlig neu gestaltet und entspricht der heutigen Sprachwirklichkeit.

Die zweisprachige Anordnung für die spanische und deutsche Sprache gestattet dem Benutzer eine umgehende Verständniskontrolle des Gelesenen. Umgekehrt kann er auf dem Wege der Rückübersetzung testen, inwieweit ihm die fremdsprachliche Äußerung noch in Erinnerung geblieben ist. Das vorliegende Buch ist daher auch geeignet, um seine Kenntnis von spanischen Wörtern und Wendungen zu festigen oder zu erweitern. Gleiches gilt auch umgekehrt für den spanischsprachigen Benutzer, der auf diesem Wege sein Deutsch vertiefen kann.

LANGENSCHEIDT

Inhalt / Índice

1. Expresiones generales | 1. Allgemeine Ausdrücke

1.1 Empezar una conversación | 1.1 Eine Unterhaltung beginnen

¿Tienes un momento? Quiero que hablemos de una cosa.	Hast du einen Moment Zeit? Ich möchte, dass wir über eine Sache sprechen.
Tú y yo tenemos que hablar largo y tendido.	Du und ich, wir müssen uns ausführlich unterhalten.
Tenía muchísimas ganas de verte para charlar contigo.	Ich wollte dich so gerne sehen, um mit dir zu plaudern.
A ver, dime tú que te parece esto.	Nun, sag du mir, wie du das findest.
¿Tú has oído lo que yo? ¿Qué te parece?	Hast du dasselbe gehört wie ich? Wie findest du das?
Quisiera hablar un momento con Vd.	Ich würde gerne einen Moment mit Ihnen sprechen.
¿Me permite hablar con Vd. unos minutos?	Erlauben Sie mir, ein paar Minuten mit Ihnen zu sprechen?
¿Me permite un momento?	Erlauben Sie einen Moment?
¿Podría atenderme, por favor?	Könnten Sie mich bitte bedienen?
¿Está Vd. muy ocupado? Me gustaría que hablásemos unos minutos.	Sind Sie sehr beschäftigt? Ich würde gerne ein paar Minuten mit Ihnen sprechen.
Si me permite un momento … No le entretendré demasiado.	Wenn Sie einen Moment erlauben … Ich werde Sie nicht allzu lange aufhalten.
¿Está el señor García en casa? Tengo que hablar con él.	Ist Herr García zu Hause? Ich muss mit ihm sprechen.
¡A Vd. quería yo decirle unas palabras!	Ihnen wollte ich ein paar Worte sagen!
Vd. quería decirme algo …	Sie wollten mir etwas sagen …
Dígame Vd. ¿Qué se le ofrece?	Sagen Sie, was kann ich für Sie tun?
Vamos a ver … Dígame en qué le puedo servir.	Mal sehen … Sagen Sie mir, womit ich Ihnen dienen kann.
Ya estoy con Vd. Dígame en qué le puedo ser útil.	Jetzt bin ich bei Ihnen. Sagen Sie mir, wie ich Ihnen nützlich sein kann.
Yo le conozco a Vd. de algo, si no me equivoco …	Ich kenne Sie von irgendwoher, wenn ich mich nicht irre …
Ya nos hemos visto antes. ¿Verdad?	Wir haben uns schon gesehen, stimmt's?

Escúcheme. Tengo que hablar muy seriamente con Vd.	Hören Sie, ich muss ernsthaft mit Ihnen sprechen.
¡A Vd. tenía yo ganas de verle! Le tengo que decir cuatro cosas.	Sie wollte ich gerne treffen! Ich muss Ihnen ein paar Dinge sagen.
¡Ahora me va Vd. a escuchar!. Le voy a decir cuatro verdades.	Jetzt hören Sie mir zu! Ich werde Ihnen mal die Meinung sagen.

1.2 Durante la conversación

1.2 Während des Gesprächs

A propósito de lo que acabas de decir …	Übrigens, was du gerade gesagt hast …
A todo esto, ¿sabes que llevas mucha razón?	Zu alldem hier, weißt du, dass du sehr recht hast?
Lo que acabas de decir me recuerda algo …	Was du gerade gesagt hast, erinnert mich an etwas.
Ahora que dices eso me acuerdo de que a mí me pasó lo mismo hace poco.	Jetzt, wo du das sagst, fällt mir ein, dass mir dasselbe vor Kurzem passiert ist.
Esto me hace pensar que no es exactamente como yo creía.	Dies lässt mich denken, dass es nicht genauso ist, wie ich glaube.
De acuerdo, pero quiero decirte otra cosa.	Einverstanden, aber ich möchte dir noch etwas anderes sagen.
Sí, lo que dices está bien, pero te quiero decir algo más …	Ja, was du sagst, ist in Ordnung, aber ich möchte noch mehr sagen.
Bueno, quizá sea como dices, pero ten en cuenta también lo que ha dicho antes Juan.	Gut, möglicherweise ist es so, wie du sagst, aber bedenke auch, was Juan zuvor gesagt hat.
¡Muy bien dicho! ¡Llevas toda la razón!	Sehr gut gesagt! Du hast vollkommen recht.
En eso llevas toda la razón del mundo.	Hier hast du vollkommen recht.
¡Llevas más razón que un santo!	Du hast ja so recht!
¡Así me gusta! ¡Que se digan las cosas claras!	So gefällt mir das! Es soll Klartext gesprochen werden.
¡Eso mismo pienso yo! ¡Estoy completamente de acuerdo!	Dasselbe denke ich auch! Ich bin vollkommen einverstanden!
¿Pero qué dices? ¡Eso es un disparate!	Was sagst du da? Das ist Quatsch!
¡Un momento! ¡Eso no es como tú estás diciendo!	Einen Moment! Das ist nicht so, wie du sagst!
¡No, no! ¡Eso no es como tú dices!	Nein, nein! Das ist nicht so, wie du sagst!

¡Alto, ahí! ¡En eso no llevas razón!	Halt! Hier hast du nicht recht!
¡Quita, quita! ¡No digas más tonterías!	Schluss jetzt! Rede nicht weiter solchen Unsinn!
¡Eh! ¡De eso nada!	He! Das auf keinen Fall!
Quisiera subrayar una cosa ...	Ich wollte etwas unterstreichen.
Quisiera destacar un punto que considero importante ...	Ich möchte einen Punkt hervorheben, den ich für wichtig halte.
Quisiera poner de relieve lo que considero la clave de todo esto ...	Ich möchte hervorheben, was ich für den Schlüssel des Ganzen halte ...
Yendo al grano y dicho claramente ...	Um auf das Wesentliche zu kommen und ganz klar gesprochen ...
Perdón, estoy hablando yo.	Entschuldigung, jetzt rede ich.
¡Un momento! ¡Todavía no he terminado de hablar!	Einen Moment! Ich bin noch nicht fertig mit Reden.
¡Todavía quiero decir algo más! ¡Espera! ¡Déjame terminar!	Ich möchte noch etwas sagen! Warte! Lass mich zu Ende sprechen!

1.3 Terminar una intervención en la conversación / 1.3 Abschließende Wendungen

Sólo quiero añadir una cosa ...	Ich möchte nur noch etwas hinzufügen ...
Permítame para terminar decir una sola cosa ...	Erlauben Sie mir, zum Abschluss nur noch eines zu sagen ...
Y por último, le diré que ...	Und zum Schluss werde ich sagen, dass ...
¿Qué te parece?	Wie findest du das?
¿Te das cuenta?	Merkst du das?
¿Qué me dices a eso?	Was sagst du dazu?
¡... y no tengo más que decir!	... und weiter habe ich nichts zu sagen!
¡... y no hay más que hablar!	... und mehr ist nicht zu sagen!
¡... y no se hable más!	... und Schluss jetzt!
Eso es todo lo que tenía que decir.	Das ist alles, was ich zu sagen hatte.
Por mi parte ya está todo dicho.	Von meiner Seite ist alles gesagt.

1.4 Aconsejar	1.4 Einen Rat geben
Tengo un problema bastante gordo. Tengo que decidir de aquí a tres días si dejo el trabajo que tengo y acepto el nuevo.	Ich habe ein ziemlich großes Problem. Ich muss innerhalb von drei Tagen entscheiden, ob ich meine jetzige Arbeit aufgebe und die neue annehme.
Pues no sé qué decirte, chico. La verdad es que es para pensárselo.	Nun, ich weiß nicht, was ich dir sagen soll, Mann. Das muss man sich wirklich überlegen.
El horario no es tan bueno, pero las condiciones son bastante mejores.	Die Arbeitszeit ist nicht so gut, aber die Arbeitsbedingungen sind wesentlich besser.
¿Te pagan mucho más?	Zahlen sie viel mehr?
Sí, bastante más.	Ja, wesentlich mehr.
Entonces no seas tonto, además no estás tampoco muy contento con el ambiente de trabajo que hay ahora en tu oficina, así que no te lo pienses demasiado.	Nun, dann sei nicht dumm, außerdem bist du auch nicht zufrieden mit dem Arbeitsklima, das zurzeit in deinem Büro herrscht, deshalb, denk nicht zu viel darüber nach.
Me parece que no tienes nada que perder, pero allá tú, yo no puedo hacer más que aconsejarte.	Mir scheint, du hast nichts zu verlieren, aber das ist deine Sache, ich kann nichts weiter tun als dir zu raten.
Al fin y al cabo eres tú quien debe tomar una decisión. Sopesa los pros y los contras y decídete rápido.	Letztendlich bist du es, der die Entscheidung treffen muss. Wäge Für und Wider gegeneinander ab und entscheide dich schnell.
Te aconsejo que no pierdas más el tiempo.	Ich rate dir, verlier nicht noch mehr Zeit.
Te recomiendo que compres en la nueva tienda.	Ich empfehle dir, in dem neuen Geschäft zu kaufen.
Yo en tu lugar no le daría más vueltas.	Ich an deiner Stelle würde nicht weiter darüber nachgrübeln.
Yo que tú lo haría ahora mismo.	Ich an deiner Stelle würde es sofort tun.
Si yo estuviera en tu situación no me lo pensaría más veces.	Wenn ich in deiner Lage wäre, würde ich nicht noch weiter darüber nachdenken.
Deberías hacer lo que te digo.	Du solltest tun, was ich dir sage.
Le mejor sería hacer como si no te hubieras dado cuenta de nada.	Das Beste wäre, so zu tun, als ob du nichts gemerkt hättest.
Harías bien en decirle cuatro verdades a ese tipo.	Du tätest gut daran, diesem Typen die Meinung zu sagen.

No tienes más que presentarte en su oficina y hacerle la propuesta.	Du brauchst nur in sein Büro zu gehen und ihm den Vorschlag zu machen.
Lo único que tienes que hacer es dejarte de tantas preocupaciones y salir a divertirte más a menudo.	Das Einzige, das du tun musst ist, dir nicht so viele Sorgen zu machen und öfter auszugehen und dich zu amüsieren.
Si quieres un consejo, te digo que te olvides de él.	Wenn du einen Rat möchtest, sage ich dir, dass du ihn vergessen sollst.
Yo que tú me callaría.	Wenn ich du wäre, würde ich schweigen.
Andate con pies de plomo en todo lo que hagas.	Sei ganz vorsichtig bei allem, was du tust.
Si yo estuviera en tu pellejo no lo haría.	Wenn ich in deiner Haut steckte, würde ich es nicht tun.
Andate con muchísimo cuidado en este asunto.	Geh ganz vorsichtig vor in dieser Angelegenheit.
Hazme caso y haz lo que te estoy diciendo.	Hör auf mich und tu, was ich dir sage.
Mira bien lo que te digo, no te conviene ahora meterte en ese tipo de negocios.	Pass gut auf, was ich dir sage, es ist jetzt nicht gut für dich, in diese Art Geschäfte einzusteigen.
Permítame que le dé un consejo: no tenga muy en cuenta esa propuesta.	Erlauben Sie mir, Ihnen einen Rat zu geben: Beachten Sie diesen Vorschlag nicht allzu sehr.

1.5 Advertir / 1.5 Warnen

¡Cuidado con ese hombre! ¡No me inspira ninguna confianza!	Vorsicht bei diesem Mann! Er ist überhaupt nicht vertrauenerwe-ckend!
¡Cuidadito con lo que haces! ¡No te vayas a meter en líos!	Ganz vorsichtig bei dem, was du tust! Bring dich nicht in Schwie-rigkeiten!
¡Mucho cuidado con volver demasiado tarde a casa!	Komm bloß nicht zu spät nach Hause!
¡Cuídate de las malas compañías!	Hüte dich vor schlechter Gesell-schaft!
Yo te lo advierto, si no estudias más vas a suspender el examen.	Ich warne dich, wenn du nicht mehr lernst, wirst du durch das Examen fallen.
Andate con cuidado y mira muy bien lo que haces.	Sei vorsichtig und achte auf das, was du tust.

¡Atento la lo que pueda suceder de aquí en adelante!

Sei wachsam bei allem, was von jetzt an passiert!

No te descuides con la compra de los regalos de navidad, que luego se echa el tiempo encima.

Versieh dich nicht beim Einkauf der Weihnachtsgeschenke, nachher wird die Zeit knapp.

Andate listo con lo que haces, porque ese hombre es de lo más ladino que yo he conocido.

Sei klug bei allem, was du tust, denn dieser Mensch ist der abgefeimteste, den ich kenne.

Estáte bien despierto, porque esa gente sólo piensa en su propio beneficio.

Sei immer wachsam, denn diese Leute denken nur an ihren eigenen Vorteil.

No te duermas en los laureles y ten en cuenta que ése es un marrullero que lo que quiere es quitarte el puesto.

Ruhe dich nicht auf deinen Lorbeeren aus und denk daran, dieser hier ist ganz gerissen und will dir nur deinen Posten wegnehmen.

No le quites el ojo de encima a ese tipo, me parece que está intentando hacer alguna trampa.

Lass diesen Typen nicht aus den Augen, mir scheint, er versucht, dir eine Falle zu stellen.

¡Ojo la puerta! No te vayas a manchar, que está recién pintada.

Vorsicht mit der Tür! Mach dich nicht schmutzig, sie ist frisch gestrichen.

Ojito con lo que haces, que voy a estar pendiente.

Vorsicht bei dem, was du tust, denn ich werde aufpassen.

Estáte preparado para lo que se avecina.

Sei vorbereitet auf alles, was kommt.

Acuérdate del refrán: cuando las barbas de tu vecino veas pelar, pon las tuyas a remojar, es decir, que debes estar prevenido.

Denk an das Sprichwort: „Sieh dich vor, wenn's beim Nachbarn brennt" d. h., man muss vorbereitet sein.

Mira (bien) lo que te digo: no se te vaya a ocurrir decirle nada a nadie, ni tan siquiera a tu padre.

Pass gut auf, was ich dir sage: Sage ja keinem etwas, nicht einmal deinem Vater.

No te digo más que una cosa: tú vas a ser el único responsable de lo que pueda ocurrir y vas a tener que pechar con las consecuencias.

Ich sage dir nur eines: Du wirst der einzig Verantwortliche sein für das, was geschieht, und wirst die Konsequenzen tragen müssen.

Yo sólo te advierto de los riesgos que tiene este asunto, pero tú eres el único que tiene que decidir qué hacer.

Ich weise nur auf die Risiken hin, die diese Angelegenheit birgt, aber du bist der, der entscheidet, was zu tun ist.

Te prevengo de que te vas a encontrar con un sinfín de dificultades.

Ich weise dich darauf hin, dass du auf unendliche Schwierigkeiten stoßen wirst.

¡Date cuenta de lo que pretende esa gente! ¡Se están riendo de tí delante de tus propias narices y tú no te das ni cuenta!	Sei dir klar darüber, was diese Leute wollen! Vor deiner Nase lachen Sie über dich und du merkst es nicht einmal!
Estás avisado de que como vuelvas a cometer el mismo error lo vas a pagar caro.	Du bist gewarnt, dass du, wenn du denselben Fehler noch einmal machst, dies teuer bezahlen wirst.
No te lo repito: no vuelvas a decir eso porque te acarreará serios problemas.	Ich wiederhole es nicht mehr: Sag das nicht noch einmal, denn das wird dir ernsthafte Probleme bringen.
Por primera y última vez te lo digo: que no vuelva a repetirse.	Ich sage es dir zum ersten und letzten Mal: Dass sich das nicht wiederholt!
Yo en tu lugar me lo pensaría dos veces antes de hacer eso, porque me parece descabellado, no tiene ni pies ni cabeza.	Ich an deiner Stelle würde es mir zweimal überlegen, bevor ich das tue, denn es erscheint mir unsinnig, das hat nicht Hand noch Fuß.
Le hago saber que de volver a repetirse su actuación nos vamos a ver obligados a tomar medidas contra usted.	Ich lasse es Sie wissen, dass, wenn sich Ihre Handlungsweise wiederholt, wir uns gezwungen sehen werden, Maßnahmen gegen Sie zu ergreifen.
Se advierte a los señores viajeros que el tren llegará a su destino con veinte minutos de retraso.	Die Reisenden werden darauf hingewiesen, dass der Zug mit 20 Minuten Verspätung an seinem Bestimmungsort ankommen wird.

1.6 Antipatía / 1.6 Antipathie

¡No hay quien aguante a este tío! ¡Es un plomo!	Diesen Kerl kann keiner aushalten! Das ist ein lästiger Kerl!
Es insoportable la desfachatez con la que se comporta ese señor.	Das unverschämte Benehmen dieses Herrn ist unerträglich.
Se me ha atravesado el profesor y no lo puedo ni ver.	Der Professor ist mir über den Weg gelaufen, und ich kann ihn doch nicht leiden.
Tu madre me ha pillado manía desde que le dije que estaba un poco gorda.	Deine Mutter hat einen Pik auf mich, seit ich ihr gesagt habe, dass sie ein bisschen dick ist.
Me repatea la actitud de esta mujer, siempre tiene que ser ella la que tenga que llevar la razón en todo.	Mich stößt das Verhalten dieser Frau ab, immer muss sie es sein, die in allem recht hat.

La gente como esa me da náuseas, no tienen ningún tipo de ética y no les importa pisar a quien sea.

Leute wie diese verursachen mir Übelkeit, sie haben keinerlei Anstand, und es ist ihnen egal, wen sie verletzen.

Me pone malo ese hombre, con esa estúpida actitud de superioridad que tiene.

Dieser Mann macht mich ganz krank mit diesem dummen überlegenen Verhalten.

Me pone enfermo con sus tonterías, se cree muy gracioso, pero es un payaso.

Er macht mich krank mit seinen Albernheiten, er glaubt, er wäre witzig, aber er ist ein Hanswurst.

Tengo atragantado a ése. Se cree muy listo, pero la verdad es que es un tonto de capirote.

Den habe ich gefressen. Er hält sich für sehr schlau, aber in Wirklichkeit ist er stockdumm.

No trago a ese tipo, desde que lo ví la primera vez ya me cayó mal.

Diesen Kerl kann ich nicht leiden, seit ich ihn zum ersten Mal gesehen habe, mochte ich ihn nicht.

No quiero ni oír hablar de él. ¡Me cae gordísimo!

Ich möchte von ihm nichts hören und sehen. Ich kann ihn nicht ausstehen!

No puedo ni ver a ese chico. Es una de las personas que más detesto.

Ich kann diesen Kerl nicht leiden. Er ist einer der Leute, die ich am meisten verabscheue.

Tengo entre ceja y ceja a ese empleado.

Dieser Angestellte liegt mir im Magen.

Le he cogido ojeriza a todos los que forman parte de ese grupo de gente, me parece que son una gentuza.

Ich habe alle, die dieser Gruppe Leute angehören, auf dem Kieker, mir scheint, das ist ein übles Pack.

Tiene muy mala uva ese tipo, me parece que lo que en realidad le pasa es que es un amargado.

Das ist ein ganz mieser Typ, aber mir scheint, dass er in Wirklichkeit nur verbittert ist.

Ya está otra vez con la cara larga, ¡desde luego, hay que ver que carácter más malo tiene!

Jetzt zieht er schon wieder ein langes Gesicht, also wirklich, es ist unglaublich, was er für einen schlechten Charakter hat.

1.7 Ayuda

1.7 Hilfe

Te veo muy atareado, ¿puedo ayudarte en algo?

Du siehst sehr beschäftigt aus. Kann ich dir irgendwie helfen?

Si quieres, te echo una mano para que acabes antes.

Wenn du willst, helfe ich dir, damit du früher fertig wirst.

¿Me necesitas para terminar de pintar la pared o me pongo yo a hacer otra cosa?	Brauchst du mich, um die Wand fertig zu streichen, oder soll ich etwas anderes tun?
Ya sabes que me tienes a tu disposición para cualquier cosa que necesites.	Du weißt ja, dass ich zu deiner Verfügung stehe für alles, was du brauchst.
Cualquier cosa que necesites, no tienes más que pedírmela, que si está en mis manos puedes contar con ella.	Was du auch brauchst, du musst es nur von mir verlangen, wenn es an mir liegt, kannst du damit rechnen, dass du es bekommst.
Estoy dispuesto para todo lo que tú quieras.	Ich bin bereit zu allem, was du willst.
Aquí tienes un amigo para lo que necesites.	Hier hast du einen Freund für das, was du brauchst.
Cuenta con mi ayuda en cuanto te haga falta.	Rechne mit meiner Hilfe, wenn du sie brauchst.
¡Socorro!	Hilfe!
¡Auxilio!	Hilfe!
¡Ayúdenme!	Helfen Sie mir!
¡Al ladrón! ¡Detengan a ese hombre, me acaba de robar la cartera!	Haltet den Dieb! Nehmen Sie diesen Mann fest, er hat mir gerade die Brieftasche gestohlen!
Tienes que ayudarme a terminar de recoger la casa. Yo sólo no puedo con todo el trabajo que queda por hacer.	Du musst mir helfen, das Haus fertig aufzuräumen. Ich allein kann das nicht bei allem, was noch zu tun ist.
Necesitaría su colaboración para llevar a cabo el encargo que han hecho a nuestra empresa.	Ich bräuchte Ihre Mithilfe, um den unserer Firma erteilten Auftrag auszuführen.
Necesito una ayudita para poder terminar de arreglar el jardín antes de mediodía.	Ich brauche eine kleine Hilfe, um den Garten noch vor Mittag in Ordnung zu haben.
¿Me echas una mano para correr este mueble? Quiero ponerlo en el otro extremo del salón y yo sólo no puedo moverlo.	Hilfst du mir, dieses Möbelstück zu verrücken? Ich möchte es in die andere Ecke des Wohnzimmers stellen, und ich allein kann es nicht bewegen.
El solito se ha metido en todos esos líos, pero ahora está buscando quien le saque las castañas del fuego.	Er allein hat sich in diese Schwierigkeiten gebracht, aber jetzt sucht er einen, der ihm die Kastanien aus dem Feuer holt.
Siempre ha sido muy orgulloso, pero ahora que se ve con el agua al cuello no ha tenido más remedio que pedir ayuda.	Er war immer sehr stolz, aber jetzt, wo ihm das Wasser bis zum Halse steht, blieb ihm nichts anderes übrig, als um Hilfe zu bitten.

1.8 Citarse	1.8 Sich verabreden
¿Cuándo te viene bien que nos veamos?	Wann passt es dir, dass wir uns sehen?
¿Te conviene que quedemos para el martes por la tarde, a eso de las siete?	Passt es dir, wenn wir uns für Dienstag am frühen Abend, so um 7 Uhr, verabreden?
¿Está bien que nos encontremos después de la película de las cinco?	Ist es recht, wenn wir uns nach dem Film um 5 Uhr verabreden?
¿Qué tal si nos vemos esta noche, después de la cena?	Wie wäre es, wenn wir uns heute Abend nach dem Abendessen sehen?
¿Podría ser que nos veamos esta misma tarde?	Wäre es möglich, dass wir uns noch heute Nachmittag sehen?
¿Tienes tiempo libre esta tarde?	Hast du heute Nachmittag ein bisschen Zeit?
¿Qué haces el fin de semana que viene?	Was machst du am kommenden Wochenende?
¿Tienes ya algo previsto para el domingo?	Hast du für Sonntag schon was vor?
¿Tienes plan para esta noche?	Hast du für heute Abend schon was vor?
¿Qué piensas hacer mañana a mediodía?	Was gedenkst du morgen Mittag zu tun?
Quisiera una cita con el doctor.	Ich hätte gern einen Termin beim Arzt.
Quiero pedir hora para una consulta.	Ich möchte gerne einen Termin für eine Beratung.
Nos podemos encontrar cuando Vd. tenga a bien.	Wir können uns treffen, wann es Ihnen gut passt.
Nos podemos encontrar cuando sea de su conveniencia.	Wir können uns treffen, wann es Ihnen genehm ist.
Me gustaría tener una cita con Vd. para hablar sobre el tema.	Ich hätte gerne einen Termin bei Ihnen, um über die Angelegenheit zu sprechen.
Le espero a las once en mi despacho de la calle de Alcalá.	Ich erwarte Sie um 11 Uhr in meinem Büro in der Calle de Alcalá.
Venga a verme a mi oficina mañana por la mañana, antes de las once.	Kommen Sie zu mir in mein Büro, morgen früh vor 11 Uhr.
A esa hora me viene fatal, porque tengo ya un montón de compromisos.	Um diese Zeit passt es mir überhaupt nicht, denn ich habe bereits eine Menge Verpflichtungen.

No me viene muy bien por la tarde, mejor si nos vemos por la mañana.

Am Nachmittag passt es mir nicht sehr gut, es wäre besser, wenn wir uns am Vormittag träfen.

Desgraciadamente ese día no puedo.

Leider kann ich an diesem Tag nicht.

Me viene muy mal a esa hora porque tengo un compromiso ineludible.

Um diese Zeit passt es mir sehr schlecht, weil ich eine unumgängliche Verabredung habe.

1.9 Convicción

1.9 Überzeugung

Estoy seguro de que va a llover esta tarde.

Ich bin sicher, dass es heute Nachmittag regnen wird.

Sería capaz de poner una mano en el fuego a que esta tarde se presenta aquí tu hermano.

Ich könnte die Hand dafür ins Feuer legen, dass heute Nachmittag dein Bruder hier erscheint.

Me jugaría el cuello a que esta tarde mi equipo va a ganar la final.

Ich würde meinen Kopf dafür verwetten, dass meine Mannschaft das Endspiel gewinnt.

Esto está más claro que el agua, lo que esa gente pretende es quedarse con todos los beneficios.

Das ist sonnenklar, diese Leute wollen nur alle Vorteile für sich.

Estoy prácticamente convencido de que para antes de fin de año habremos conseguido encontrar otro piso.

Ich bin praktisch davon überzeugt, dass wir vor Jahresende eine neue Wohnung gefunden haben werden.

Oye, ¿qué te apuestas a que soy capaz de saltarme esa valla?

Hör mal, was wettest du, dass ich in der Lage bin, diese Mauer zu überspringen?

Apuesto lo que quieras a que no podrá terminar antes de las cinco de la tarde.

Ich wette um was du willst, dass er nicht vor fünf Uhr nachmittags fertig sein wird.

No me cabe ninguna duda de que al final conseguirá lo que se propone.

Ich habe überhaupt keinen Zweifel, dass er am Ende erreicht, was beabsichtigt war.

El ministro ha expresado pleno convencimiento de que se implantará la reforma fiscal antes del verano.

Der Minister hat seine volle Überzeugung ausgesprochen, dass die Steuerreform noch vor dem Sommer eingeführt wird.

1.10 Deseo	1.10 Wunsch
¡Ojalá podamos tomarnos unos días de vacaciones el mes que viene!	Hoffentlich können wir im kommenden Monat einige Tage Urlaub nehmen!
¡Qué más quisiera que poder comprarme ese coche!	Was will ich mehr, als mir dieses Auto kaufen zu können.
¡Dios quiera que su enfermedad no sea grave!	Gebe Gott, dass seine Krankheit nicht schlimm ist!
Me gustaría mucho que viniéseis a vernos un día de estos.	Ich hätte es sehr gern, wenn ihr uns an einem dieser Tage besuchen würdet.
Me apetece muchísimo comerme un pastel de chocolate.	Ich habe unheimlich Lust darauf, Schokoladenkuchen zu essen.
¡Ahora mismo cogería el avión y me iría a Tenerife!	Ich würde sofort ein Flugzeug nehmen und nach Teneriffa fliegen.
¡Se me hace la boca agua de ver ese pastel de chocolate!	Mir läuft das Wasser im Mund zusammen, wenn ich diesen Schokoladenkuchen sehe.
¡Me muero por una buena fabada asturiana!	Ich bin ganz wild auf eine gute Fabada Asturiana.
¡Tengo unas ganas locas de ir a esquiar!	Ich habe schreckliche Lust, Ski fahren zu gehen.
Estoy deseando que llegue el domingo para poder ver a Rosa.	Ich wünsche mir, dass der Sonntag kommt, damit ich Rosa sehen kann.
No aguanto más sin salir a dar un paseo por el bosque.	Ich halte es nicht länger aus, ohne hinauszugehen und einen Spaziergang durch den Wald zu machen.
¡Venga hombre! ¡Vamos al cine!	Na los, Mann! Gehen wir ins Kino!

1.11 Disculparse	1.11 Sich entschuldigen
¡Perdón!	Entschuldigung!
¡Perdone Vd! No le había visto.	Entschuldigen Sie! Ich habe Sie nicht gesehen.
¡Lo siento!, no sabía que estaba Vd. ahí.	Das tut mir leid, ich wusste nicht, dass Sie dort waren.
Lo lamento mucho. Le aseguro que no volverá a ocurrir semejante cosa.	Das tut mir sehr leid. Ich versichere Ihnen, dass Ähnliches nicht wieder geschehen wird.
Le ruego disculpe la molestia.	Ich bitte Sie, die Störung zu entschuldigen.

Lo siento mucho, crea que no ha sido mi intención molestarle.	Das tut mir sehr leid, glauben Sie mir, es war nicht meine Absicht, Sie zu belästigen.
Perdona, lo he hecho sin querer.	Entschuldige, das habe ich unabsichtlich getan.
Oye, no vayas a tomarte a mal lo que acabo de decirte.	Hör mal, du wirst es doch nicht übel nehmen, was ich gerade gesagt habe.
No ha sido culpa mía, si lo hubiera sabido hubiera hecho algo para evitarlo.	Das war nicht meine Schuld, wenn ich es gewusst hätte, hätte ich etwas getan, um es zu vermeiden.
No lo he hecho a posta, créeme.	Das habe ich nicht absichtlich getan, glaube mir.
No vayas a creer que he hecho esto a propósito, ni mucho menos.	Du wirst doch nicht glauben, dass ich das absichtlich getan habe, keineswegs.
Hágase Vd. cargo de mi actitud, cualquiera en mi lugar hubiera hecho lo mismo.	Verstehen Sie meine Haltung, jeder an meiner Stelle hätte das Gleiche getan.
Espero que no se tome Vd. como una descortesía por mi parte el que no pudiera asistir a la fiesta.	Ich hoffe, Sie sehen es nicht als Unhöflichkeit von meiner Seite an, dass ich nicht zu dem Fest kommen kann.

1.12 Duda

1.12 Zweifel

¡Estoy en la duda de si ir o no ir!	Ich bin im Zweifel, ob ich gehen soll oder nicht.
¡Estoy que no sé qué hacer!	Ich bin in einer Situation, dass ich nicht weiß, was ich tun soll.
¡No salgo de dudas!	Ich komme aus den Zweifeln nicht heraus!
¡A ver ahora qué hago …!	Mal sehen, was ich jetzt mache …!
¡Estoy hecho un lío!	Ich bin ganz durcheinander!
No me acabo de decidir a hacer esa compra.	Ich habe mich noch nicht entschieden, diesen Einkauf zu tätigen.
La verdad es que no me aclaro con lo que quiero.	Die Wahrheit ist, dass ich mir nicht darüber im Klaren bin, was ich will.
Una de dos: o vienes o te quedas, ¡pero no estés ahí dudando que si sí que si no!	Eines von beiden: Komm oder bleib, aber steh nicht da und überlege, ob ja oder nein!

Me paso el día dándole vueltas al problema, pero no termino de decidirme por una de las soluciones.	Ich verbringe den Tag damit, über das Problem nachzudenken, aber ich kann mich nicht für eine der beiden Lösungen entscheiden.
La verdad es que estoy hecho un lío, no sé a qué carta quedarme.	Ich bin wirklich ganz durcheinander, ich weiß nicht ein noch aus.
Estoy entre dos aguas, no acabo de decidirme ni por una parte ni por otra.	Ich sitze zwischen zwei Stühlen, ich weiß nicht, ob ich mich für die eine oder andere Seite entscheiden soll.
Dudo mucho de que sea capaz de llevar a cabo ese trabajo.	Ich bezweifle sehr, dass er in der Lage sein wird, diese Arbeit zu Ende zu führen.
Tengo serias dudas de que el provecto llegue a buen término.	Ich habe ernsthafte Zweifel, dass dieses Projekt zu einem guten Abschluss kommt.
Quizá sea verdad lo que él decía y seamos nosotros quienes estamos equivocados.	Vielleicht ist es wahr, was er gesagt hat, und wir sind es, die sich irren.
¡Cualquiera sabe ahora si efectivamente es como él decía!	Wer weiß, ob es wirklich so ist, wie er gesagt hat.
La verdad es que en estos momentos ya no sé si andamos por buen camino.	Ich weiß jetzt wirklich nicht mehr, ob wir auf dem richtigen Weg sind.
¿Será posible que sea capaz de hacer semejante cosa?	Ist es die Möglichkeit, dass er in der Lage ist, so etwas zu tun?
¡Quién sabe si efectivamente lleva razón ese hombre!	Wer weiß, ob dieser Mann wirklich recht hat!
¡Mira que si es verdad que le ha tocado el premio ...!	Mal sehen, ob es stimmt, dass er den Preis gewonnen hat.
Me da que puede llegar a ocurrir lo que tu hermano dijo ... Estoy con la mosca detrás de la oreja.	Ich habe das Gefühl, als könnte eintreffen, was dein Bruder gesagt hat. Ich bin auf der Hut.
¡No sé, no sé! De oírle tantas veces repetir lo mismo yo ya estoy hasta dudando ... Lo mismo es verdad lo que dice ...	Ich weiß nicht, ich weiß nicht! Nachdem er so oft das Gleiche wiederholt hat, bin ich bereits im Zweifel. Ebenso könnte es stimmen, was er sagt.
Estoy mosca con Juan ... Ya dudo de que realmente tenga buenas intenciones.	Ich bin auf der Hut bei Juan ... Ich bezweifle jetzt, ob er wirklich gute Absichten hat.
Me corroe la duda de qué pueda realmente estar pasando en esa cosa ...	An mir nagt der Zweifel, was wirklich in dieser Sache vor sich gehen mag.

Yo no termino de creerme que pueda ser verdad lo que nos ha dicho ese hombre.	Ich glaube immer noch nicht, dass es wahr ist, was uns dieser Mann gesagt hat.
Permítame Vd. dudar de sus afirmaciones.	Erlauben Sie, dass ich Ihre Versicherungen anzweifle.
Yo pondría en duda el menos lo que el conferenciante ha afirmado respecto al primer punto que ha tratado.	Ich würde zumindest das in Zweifel ziehen, was der Redner bezüglich des ersten Punktes gesagt hat, den er behandelte.

1.13 Expresar enfado / 1.13 Verärgerung ausdrücken

¿Sabes que me fastidia mucho lo que acabas de decir?	Weißt du, dass es mich sehr ärgert, was du gerade gesagt hast?
¡Me tiene negro con sus impertinencias!	Ich bin wütend über seine Unverschämtheiten.
¡Ya me tienen hasta el gorro con tanta tontería!	Ich habe jetzt genug von so viel Dummheit!
¡No aguanto más! ¡Estoy hasta las narices de tanta estupidez!	Ich halte es nicht mehr aus! Ich habe die Nase voll von so viel Dummheit!
¡Tiene narices lo que acaba de decir ese hombre!	Das ist sehr dreist, was dieser Mann gerade gesagt hat.
¡Dile que deje de dar la lata! ¡No lo soporto más!	Sag ihm, er soll uns nicht weiter auf die Nerven fallen! Ich ertrage das nicht länger!
¡Vete a freír espárragos y déjame tranquilo!	Scher dich weg und lass mich in Ruhe!
¡Estoy harto! ¡Esto es insoportable!	Ich habe es satt! Das ist nicht auszuhalten!
¡Es lo único que me faltaba por oír! ¡En todos los días de mi vida no había oído disparate más gordo!	Das fehlte mir noch zu hören! In meinem ganzen Leben habe ich noch keinen größeren Unsinn gehört!
¡Venga hombre! ¡Hasta ahí podíamos llegar! ¡Deja ya de decir falsedades y mentiras!	Nun komm schon, Mann! So weit konnten wir kommen! Nun hör auf, Unwahrheiten und Lügen zu erzählen!
¡Tengo un cabreo que no me tengo! ¡Le voy a mandar a la mierda en cualquier momento!	Ich bin so sauer, dass ich nicht an mich halten kann! Ich werde ihn jeden Augenblick zum Teufel schicken!

¡Hay que joderse con esta gente! ¡Menuda panda de imbéciles!	Mit diesen Leuten muss man sich nur ärgern! Das ist vielleicht eine Bande von Dummköpfen!
¡Joder! ¡En mi vida he visto tío más tonto que ése!	Verdammt! In meinem ganzen Leben habe ich keinen Dümmeren gesehen als diesen!
¡No! ¡Eso es una desfachatez! ¡No hay derecho a que le hablen a uno de ese modo!	Nein! Das ist eine Unverschämtheit! Das geht nicht, dass man so mit einem spricht!

1.14 Felicitar / 1.14 Beglückwünschen

¡Enhorabuena por el éxito que has tenido!	Herzlichen Glückwunsch zu dem Erfolg, den du hattest.
¡Te felicito por lo bien que te ha salido todo!	Ich beglückwünsche dich dazu, dass dir alles so gut geglückt ist.
¡Me alegro mucho de que todo te haya salido como tú querías!	Ich freue mich, dass alles so gekommen ist, wie du wolltest.
¡Te felicito sinceramente por lo bien que lo has hecho!	Ich beglückwünsche dich aufrichtig dazu, wie gut du das gemacht hast.
¡Reciba Vd. mi más cordial enhorabuena!	Nehmen Sie meinen herzlichsten Glückwunsch entgegen!
¡Féliz año nuevo!	Ein glückliches neues Jahr!
¡Felices fiestas y próspero año nuevo!	Frohes Fest und ein erfolgreiches neues Jahr!
¡Nuestros mejores deseos para el año que empieza!	Unsere besten Wünsche für das beginnende Jahr!
¡Que tengáis unas felices pascuas!	Ein frohes Weihnachtsfest für euch!
¡Feliz navidad para ti y para tu familia!	Frohe Weihnachten dir und deiner Familie!
¡Feliz cumpleaños!	Alles Gute zum Geburtstag!
¡Felicidades y que cumplas muchos más!	Herzlichen Glückwunsch und auf noch viele Jahre!
¡En vuestras bodas de plata os deseo un feliz aniversario!	Zu eurer Silberhochzeit wünsche ich euch einen schönen Festtag!

1.15 Pedir / 1.15 Um etwas bitten

Por favor, póngame una cerveza bien fría.	Bitte geben Sie mir ein schönes kaltes Bier.

Este filete está un poco soso, ¿me pasas la sal, por favor?	Diese Scheibe Fleisch ist etwas fade, reichst du mir bitte das Salz?
Te pido que no vuelvas a hablar de ese tema, porque sabes que me pone muy nervioso.	Bitte sprich nicht wieder über dieses Thema, denn du weißt, dass mich das ganz nervös macht.
Le ruego que seas un poco más amable con tu hermano pequeño, que eres un bruto!	Ich bitte dich, ein bisschen netter zu deinem kleinen Bruder zu sein, du bist ganz schön grob.
Te voy a pedir un favor: ¿podrías llevarme esta tarde en el coche hasta el centro?	Ich bitte dich um einen Gefallen: Könntest du mich heute Nachmittag mit dem Auto in die Stadt bringen?
¿No te importaría quitar de encima de la mesa los libros que has dejado ahí?, porque necesito ponerme a trabajar.	Macht es dir etwas aus, die Bücher vom Tisch zu nehmen, die du dort gelassen hast? Ich muss nämlich anfangen zu arbeiten.
¿Me puedes dar fuego, por favor?	Kannst du mir bitte Feuer geben?
¿Me quieres devolver de una vez las gafas de sol que te presté ayer?	Kannst du mir endlich die Sonnenbrille zurückgeben, die ich dir gestern geliehen habe?
¿Tendría usted la amabilidad de indicarme donde puedo encontrar al jefe del departamento de ventas? Tengo una cita.	Hätten Sie die Freundlichkeit mir zu sagen, wo ich den Chef der Verkaufsabteilung finde? Ich habe einen Termin.
¿La oficina del señor García? ¡Como no! ¿Sería usted tan amable de acompañarme por aquí?	Das Büro von Herrn García? Natürlich! Würden Sie so nett sein und mich begleiten?
¿No tendría usted inconveniente en que le llevemos el mueble a su casa ya entrada la tarde?	Wäre es Ihnen recht, wenn wir das Möbelstück bereits am frühen Nachmittag zu Ihnen nach Hause brächten?
¿Me hace usted el favor de firmar estos documentos?	Tun Sie mir den Gefallen und unterschreiben Sie diese Dokumente?
¿Le molestaría si vengo acompañado de unos amigos?	Würde es Sie stören, wenn ich in Begleitung einiger Freunde käme?
Le rogaría que tome en consideración mi propuesta.	Ich würde Sie bitten, meinen Vorschlag in Erwägung zu ziehen.
Quisiera pedirle un gran favor, necesito dinero.	Ich wollte Sie um einen großen Gefallen bitten, ich brauche Geld.
¿Me permite pasar, por favor?	Erlauben Sie mir bitte hereinzukommen?
Le agradecería mucho que me diese una respuesta definitiva lo antes posible.	Ich wäre Ihnen dankbar, wenn Sie mir so schnell wie möglich eine definitive Antwort geben könnten.

¿Qué le debo por esta cerveza?	Was schulde ich Ihnen für dieses Bier?
¿Me dice cuánto es lo que he tomado y también lo de este señor?	Sagen Sie mir bitte, wie viel das kostet, was ich hatte, und auch, was dieser Herr hatte.
¿Me trae la cuenta, por favor?	Bringen Sie mir bitte die Rechnung.
¿Me puedes ayudar el sábado por la mañana con la mudanza?	Kannst du mir am Samstag früh beim Umzug helfen?
¡Socorro! ¡Auxilio! ¡Ayúdenme!	Hilfe! Zu Hilfe! Helfen Sie mir!

1.16 Expresar preocupación — 1.16 Sorge ausdrücken

Estoy preocupado por lo que le pueda suceder a Luisa, es demasiado joven para hacer un viaje tan peligroso.	Ich mache mir Sorgen um das, was Luisa zustoßen könnte, sie ist zu jung, um eine so gefährliche Reise zu machen.
Me tiene preocupado nuestro hijo con las malas notas que está trayendo siempre en los últimos tiempos.	Unser Sohn bereitet mir Sorge mit seinen schlechten Noten, die er in letzter Zeit immer bringt.
No me gustan nada las compañías con que anda Luis últimamente.	Mir gefällt die Gesellschaft überhaupt nicht, in der sich Luis in letzter Zeit befindet.
Me preocupa mucho el ver que hay tanta gente sin trabajo.	Ich bin sehr besorgt zu sehen, wie viele Leute ohne Arbeit sind.
¿A ti no te está dando mucho que pensar la actitud que tiene últimamente Pérez para con todos sus amigos?	Gibt es dir nicht zu denken, wie Pérez sich in letzter Zeit gegenüber allen seinen Freunden verhält?
No paro de pensar en lo que me dijiste la semana pasada, la verdad es que me dejaste bastante preocupado con tus afirmaciones.	Ich denke immer noch daran, was du mir letzte Woche gesagt hast, du hast mich wirklich ziemlich in Sorge versetzt mit deinen Behauptungen.
No deja de darme vueltas en la cabeza lo que dijo el médico que podía tener, hasta que no tenga el resultado de los análisis no voy a estar tranquilo.	Es geht mir immer noch im Kopf herum, was der Arzt meinte, was ich haben könnte. Solange ich nicht das Ergebnis der Analyse habe, werde ich nicht ruhig sein.
¡Qué tortura, no pienso más que en adelgazar!	So eine Qual, ich denke nur noch an Abnehmen!
Me quita el sueño el pensar en las deudas que todavía tengo que pagar.	Es raubt mir den Schlaf, wenn ich daran denke, wie viele Schulden ich noch zu bezahlen habe.

Estoy que no vivo con Antonio, me aterra la idea de que haya empezado a consumir drogas.	Ich lebe kaum noch mit Antonio, mich erschreckt der Gedanke, dass er angefangen haben könnte, Drogen zu nehmen.
Estoy con el alma en vilo desde que me enteré de que es posible que la empresa declare suspensión de pagos.	Ich sitze wie auf glühenden Kohlen, seit ich weiß, dass die Möglichkeit besteht, die Firma könnte sich für zahlungsunfähig erklären.
Estoy con el alma en un hilo por lo delicada que tiene la salud mi hermano últimamente, dos veces ya lo hemos tenido que llevar a urgencias.	Ich habe Angst wegen der angeschlagenen Gesundheit meines Bruders in letzter Zeit, zweimal mussten wir ihn schon in die Notaufnahme bringen.
¡Va a acabar conmigo este hijo mío con los disgustos que me da!	Dieser Sohn wird mich noch ins Grab bringen bei dem Ärger, den er mir bereitet.
Estoy sobre ascuas desde que me han dicho que posiblemente me van a trasladar a trabajar a otra ciudad.	Ich sitze wie auf glühenden Kohlen, seit sie mir gesagt haben, dass sie mich vielleicht zur Arbeit in eine andere Stadt versetzen werden.
Me he pasado la noche dando vueltas en la cama y sin pegar ni ojo pensando en el problema que se me viene encima.	Ich habe mich die ganze Nacht im Bett hin und her gewälzt, ohne ein Auge zuzumachen, in Gedanken an das Problem, das auf mich zukommt.
Me estoy calentando la cabeza con las cosas que me ha dicho ese sinvergüenza, pero no debía tomármelo tan en serio.	Ich werde wütend, wenn ich daran denke, was dieser unverschämte Mensch mir gesagt hat, aber ich sollte es nicht so ernst nehmen.
Estoy preocupado porque me estoy amargando la vida con los estudios, no salgo, no me divierto …	Ich mache mir Gedanken, denn ich versauere mir das Leben mit dem Studieren, ich gehe nicht aus, vergnüge mich nicht …
¡Bah! No te digo que no sea para preocuparse un poco, pero no es tan negro como tú lo ves.	Ach, ich sage nicht, dass man sich keine Gedanken machen sollte, aber es ist nicht so düster, wie du es siehst.
No es que yo te lo esté pintando más negro de lo que es, lo que pasa es que es en realidad un asunto grave y es para tomárselo muy en serio.	Es ist nicht so, dass ich es dir schwärzer male als es ist, in Wirklichkeit ist es eine schlimme Sache, die man sehr ernst nehmen muss.

1.17 Ordenar	**1.17 Befehlen**
¡En marcha, vámonos de aquí!	Los, gehen wir von hier weg!
¡Marchando, que ya va siendo hora de irse a casa!	Los jetzt, es ist bereits Zeit, nach Hause zu gehen.
¡Adelante, no os detengáis!	Weiter, haltet euch nicht auf!
¡Vámonos de aquí ahora mismo volando, que hace ya dos horas que debíamos haber salido!	Lasst uns eiligst aufbrechen, vor zwei Stunden hätten wir schon gehen sollen.
¡Vamos, no os quedéis ahí parados como unos pasmarotes!	Kommt weiter, bleibt nicht dort stehen wie ein paar Gaffer!
¡Venga, date prisa en acabar con ese trabajo porque es urgente!	Mach schon, beeile dich, diese Arbeit zu beenden, denn es ist sehr dringend!
¡Date prisa, que eres un parado!	Beeile dich, du bist ein Langweiler!
¡Acaba de una vez, que eres lo más lento que yo he visto!	Werde endlich fertig, du bist das Langsamste, was ich je gesehen habe.
¡Ya vale, anda, cambia de tema que estoy harto de que siempre me salgas con lo mismo!	Jetzt reicht es, los, wechsle das Thema, ich habe es satt, dass du mir immer mit demselben kommst!
¡Ya está bien, Pedrito, deja de darle la lata a tu hermana o te arreo una torta!	Nun reicht es aber, Pedrito, hör auf, deiner Schwester lästig zu fallen, oder ich verpasse dir eine Ohrfeige.
¡Para ya de hacer ruiditos con el bolígrafo, que me estás poniendo nervioso!	Hör schon auf, mit dem Kugelschreiber Geräusche zu machen, du nervst mich.
¡Por favor, cállate la boca!	Bitte halt den Mund.
¡Cierra el pico ahora mismo!	Halte sofort den Schnabel!
¡Basta! ¡No tolero que sigas diciendo barbaridades!	Schluss jetzt! Ich lasse nicht zu, dass du weiter Unverschämtheiten sagst!
¡Haz el favor de recoger ahora mismo todas las cosas que te has dejado desparramadas por tu cuarto!	Sei so gut und räume sofort alles auf, was du in deinem Zimmer verstreut herumliegen lassen hast!
¡Se acabó! Deja de jugar con la pelota y a dormir, que mañana tienes que madrugar para ir al cole.	Jetzt ist Schluss! Hör auf, mit dem Ball zu spielen und schlafe jetzt, morgen musst du früh aufstehen, um zur Schule zu gehen.
¡Silencio! ¡Como sigan ustedes armando alboroto los voy a tener que echar de la clase!	Ruhe! Wenn Sie weiter so herumlärmen, werde ich Sie aus der Klasse werfen müssen!

¡Chitón, a callar y no se hable más!	Still, Ruhe, es wird nicht mehr gesprochen!
¡Ni una palabra más, no admito réplicas!	Kein Wort mehr, ich dulde keine Widerrede!
¡Punto en boca! ¡Aquí ya no tienes tú nada más que decir!	Mund halten! Du hast hier nichts mehr zu sagen!
¡De ahora en adelante no quiero oír ni una mosca!	Von jetzt an will ich keinen Mucks mehr hören!
¡Tú a callar, no tienes que decir esta boca es mía!	Du bist still, ich will keinen Pieps hören!
No digas ni mu, aunque te pregunten, tú callado como una tumba.	Du sagst keinen Ton, auch wenn man dich fragt, du schweigst wie ein Grab!
No digas ni pío de todo lo que te he dicho, porque de lo contrario nos podemos meter en un lío gordo.	Du sprichst keinen Ton über das, was ich dir gesagt habe. Wenn nicht, können wir in große Schwierigkeiten kommen.
¡Fuera de aquí!	Raus hier!
¡A la calle, en este local no admitimos gamberros!	Hinaus auf die Straße, in diesem Lokal dulden wir keine Rowdys!
¡Largo, no quiero volver a verte más por esta casa! ¡Largo de aquí!	Raus, ich will dich in diesem Haus nicht mehr sehen! Raus hier!
¡A tomar viento! ¡Y no quiero volver a verte!	Verschwinde! Ich will dich nicht wieder sehen!
¡A paseo! ¡Vete de aquí y no me vuelvas con esas monsergas!	Raus! Verschwinde von hier und komm mir nicht wieder mit diesem Geschwätz!
No te lo digo más veces, ¡ve a comprar el pan antes du que se acabe!	Ich sage es dir nicht noch mal, kauf das Brot, bevor es keines mehr gibt!
¡No me hagas repetirlo más veces y baja ahora mismo el volumen del tocadiscos!	Lass es mich nicht noch öfter sagen und stelle sofort den Plattenspieler leiser!
Por primera y última vez te lo digo, ¡vete ahora mismo a tu cuarto y ponte a hacer los deberes para mañana!	Ich sage es dir zum ersten und letzten Mal, geh sofort in dein Zimmer und mach deine Hausaufgaben für morgen!
¿Quieres, de una vez por todas, poner la mesa para comer?	Würdest du bitte ein für allemal den Tisch zum Essen decken?
No te lo repito dos veces: recoge toda la ropa que has dejado desparramada por tu habitación.	Ich sage es kein zweites Mal: Räume alle deine Kleider auf, die du in deinem Zimmer herumliegen hast!

No quiero que le des más largas y que te pongas inmediatamente a hacer lo que tienes que hacer.	Ich möchte nicht, dass du weiter bummelst, tu sofort, was du tun sollst!
¡Venga hombre, ponte ahora mismo a trabajar y no le eches más cuento!	Los, Mann, fang sofort zu arbeiten an, und komm zur Sache!

1.18 Prohibir

1.18 Verbieten

No se te ocurra por nada del mundo decir ni una palabra de lo que has oído aquí.	Lass es dir nicht einfallen, irgendjemandem auf der Welt auch nur ein Wort von dem zu erzählen, was du gehört hast!
¡Ni pensar que te vas a quedar tú con todas las naranjas!	Kein Gedanke, dass du dir alle Rosinen herauspickst!
¡Que no se te pase por la imaginación que te vas a ir tú de juerga esta noche!	Bilde dir nicht ein, dass du heute Nacht feiern gehst!
Que se te quite de la cabeza la idea de ir de vacaciones este verano a Marruecos.	Schlag es dir aus dem Kopf, diesen Sommer nach Marokko in Urlaub zu fahren!
¡Ni hablar de pensar ahora en organizar una fiesta para el sábado!	Kommt nicht infrage, im Augenblick daran zu denken, für Samstag ein Fest zu organisieren!
¿Que te vas a comprar otro traje? ¡De eso nada! ¿Pero tú qué te has creído?	Du willst dir noch einen Anzug kaufen? Nichts da! Was hast du dir denn gedacht?
Ni por asomo se te ocurra hacer nada sin mi consentimiento.	Lass es dir nicht im Traum einfallen, etwas ohne meine Zustimmung zu tun!
¿Qué te crees, que vas a quedarte tú con todo? ¡Ni lo pienses!	Was glaubst du denn, dass du alles bekommen wirst? Kein Gedanke!
¡Te prohibo terminantemente que vuelvas a coger mi choche sin mi permiso!	Ich verbiete dir ganz entschieden, mein Auto noch einmal ohne meine Erlaubnis zu nehmen!
¿No te habrás creído que te voy a dejar hacer semejante disparate?	Du wirst doch nicht geglaubt haben, dass ich dich so einen Unsinn tun lasse?
No te permito que vuelvas a tener trato con ese tipo de gente.	Ich erlaube dir nicht, dass du mit dieser Art Leute weiter Umgang hast.
¡Te he dicho que no y es que no! ¡Y no hay más tu tía!	Ich habe Nein gesagt und es bleibt beim Nein! Da ist nichts zu machen!

¡Ya te he dicho todo lo que tenía que decir y no hay más que hablar!	Ich habe dir alles gesagt, was ich zu sagen hatte, und mehr ist nicht zu sagen!
¡Pero so animal! ¿No ves que está prohibido terminantemente fumar en la gasolinera?	Was für ein Dummkopf! Siehst du nicht, dass es streng verboten ist, an der Tankstelle zu rauchen?

1.19 Quejarse / 1.19 Sich beklagen

¡No la aguanto! ¡Esta mujer es superior a mis fuerzas!	Sie ist nicht auszuhalten! Diese Frau geht über meine Kräfte!
¡Es insoportable este hombre! ¡Me hace la vida imposible!	Dieser Mann ist unerträglich! Er macht mir das Leben unmöglich!
¡Al jefe no hay quien lo aguante! ¡Se pasa el día controlando!	Den Chef kann keiner ausstehen! Er verbringt den Tag mit Kontrollieren!
¡No hay quien te entienda! ¡Tan pronto dices blanco como negro!	Dich kann keiner verstehen! Du sagst gleichzeitig weiß wie schwarz!
¡Vaya cruz que me ha tocado contigo, en mi vida he visto persona más especial que tú!	Mit dir bin ich schon geschlagen; mein ganzes Leben habe ich niemanden gesehen, der so eigenartig ist wie du!
Tenemos que protestar enérgicamente contra las medidas adoptadas por el gobierno.	Wir müssen energisch gegen die von der Regierung ergriffenen Maßnahmen protestieren!
Los afectados por la decisión de expropiación del juez piensan interponer recurso.	Die von der richterlichen Entscheidung zur Enteignung Betroffenen wollen Berufung einlegen.
¿Quién es aquí el encargado? Quiero hacer una reclamación.	Wer ist hier zuständig? Ich möchte mich beschweren.
¡A esto no hay derecho, hombre! Deme el libro de reclamaciones.	Das ist doch unerhört! Geben Sie mir das Beschwerdebuch.
El cliente se ha quejado de la mala atención que ha recibido por parte del personal de servicio.	Der Kunde hat sich über den schlechten Service beschwert, der ihm vom Dienstpersonal zuteil wurde.
¡Esto no está como es debido!	Das ist nicht so, wie es sein soll!
No hay derecho a que pidan ese precio por algo que, además, no está en las debidas condiciones.	Es ist unerhört, dass man diesen Preis verlangt für etwas, das zudem nicht so ist, wie es sein sollte.
Por favor, ¿podría bajar el volumen del televisor? Está demasiado alto para las horas que son.	Könnten Sie bitte den Fernseher leiser stellen? Für diese Tageszeit ist er zu laut.

Si usted sigue sin cumplir con su trabajo voy a tener que dar una queja a su empresa.	Wenn Sie weiterhin Ihrer Arbeit nicht nachkommen, werde ich mich bei Ihrer Firma beschweren müssen.

1.20 Saludos y presentaciones / 1.20 Grüßen und Vorstellen

¡Buenos días!	Guten Tag!
¡Buenas tardes!	Guten Tag! (am Nachmittag)/Guten Abend!
¡Buenas noches!	Guten Abend!/Gute Nacht!
¡Buenas!	Hallo!
¿Cómo estás?	Wie geht es dir?
¡Hola! ¿Qué tal?	Hallo, wie geht's?
¡Hola! ¿Cómo estás? Ya hace algún tiempo que no te veía.	Hallo! Wie geht's dir? Ich habe dich schon seit einiger Zeit nicht mehr gesehen.
¿Y a tu hermano cómo le va?	Und wie geht es deinem Bruder?
Muy bien, gracias. ¿Y tú familia?	Sehr gut, danke. Und deiner Familie?
Pues tirando, no está mal.	Es geht so, nicht schlecht.
¿Qué es de tu mujer? Hace muchísimo que no la veo.	Was hört man von deiner Frau? Ich habe sie ewig nicht gesehen.
¡Hombre, Pepe! ¡Qué buena cara traes! ¿Cuándo has vuelto de las vacaciones?	Mann, Pepe! Wie gut du aussiehst! Wann bist du aus dem Urlaub zurückgekommen?
Me alegro mucho de volver a saludarle, Sr. García.	Ich freue mich, Sie wieder begrüßen zu können, Herr García.
Reciba nuestros más cordiales saludos.	Seien Sie ganz herzlich von uns gegrüßt.
Tengo el placer de saludarle de nuevo, Sr. López.	Ich habe das Vergnügen, Sie wieder begrüßen zu können, Herr López.
Estoy contento de poder saludarle.	Ich freue mich, Sie begrüßen zu können.
Quiero dar la bienvenida a los señores asistentes a este acto.	Ich möchte die zu dieser Feier anwesenden Herren begrüßen.
Les agradezco su presencia aquí esta tarde.	Ich danke Ihnen für Ihre Anwesenheit hier an diesem Nachmittag.
Les doy la bienvenida cordial a todos los aquí presentes.	Ich begrüße alle hier Anwesenden aufs Herzlichste.
Encantado de saludarle.	Ich bin entzückt, Sie zu begrüßen.

Mucho gusto de conocerle.	Ich freue mich, Sie kennenzulernen.
Es un placer conocerle.	Es ist mir ein Vergnügen, Sie kennenzulernen.
Quiero presentarte a mi novia.	Ich möchte dich meiner Braut vorstellen.
Mira Antonio, quiero presentarte a mi amigo Luis.	Antonio, ich möchte dir meinen Freund Luis vorstellen.
¿Conoce Vd. a mi hermano Pedro?	Kennen Sie meinen Bruder Pedro?
¿Os conocéis ya vosotros dos ...?	Kennt ihr beiden euch schon?
Le presento al señor Pérez.	Ich stellen Ihnen Herrn Pérez vor.
Tengo el gusto de presentarles al Sr. López.	Ich habe das Vergnügen, Ihnen Herrn López vorzustellen.
Permítame presentarle a nuestro invitado ...	Darf ich Ihnen unseren Gast vorstellen?

1.21 Simpatía / 1.21 Sympathie

Qué simpática que es tu prima, es una persona de lo más agradable.	Wie sympathisch deine Cousine ist, sie ist eine sehr angenehme Person.
¡Hay que ver qué majo que es este chico!	Es ist unglaublich, wie nett dieser Junge ist!
Lo hemos pasado muy bien con Lola, porque es muy salada.	Wir haben uns sehr amüsiert mit Lola, denn sie ist sehr witzig.
¡Qué salero que tiene esa chica! ¡Y qué bien que baila!	Was für einen Charme dieses Mädchen hat! Und wie gut sie tanzt!
Antonio es muy gracioso, siempre tiene salidas para todo y te partes de risa con él.	Antonio ist sehr drollig, ihm fällt immer etwas ein, und man biegt sich vor Lachen mit ihm.
Es encantadora esta chica, tan fina y educada.	Dieses Mädchen ist bezaubernd, so liebenswürdig und gut erzogen.
¡Qué encanto de persona! ¡Tan atento siempre con todo el mundo!	Was für eine reizende Person! Immer so aufmerksam zu jedermann!
¡Eres un sol! ¡Te mereces un beso!	Du bist ein Schatz! Du verdienst einen Kuss!
Ese hombre es un bendito, todo lo que tiene lo pone a disposición de quien lo necesite.	Dieser Mensch ist sehr gutmütig; alles, was er hat, gibt er dem, der es brauchen könnte.

¡Qué buenazo que es Pedro! Lo malo es que de tan bueno que es, abusan de él.	Was für ein kreuzbraver Mensch ist Pedro! Schlecht ist nur, dass man ihn ausnutzt, weil er so gutmütig ist.
Esa mujer es un pedazo de pan, no he visto persona más bondadosa que ella.	Diese Frau ist sehr gutherzig, ich kenne keinen, der gütiger wäre als sie.
Me cae muy bien esa pareja de amigos tuyos que me presentaste el otro día.	Das Freundespaar, das du mir neulich vorgestellt hast, finde ich sehr sympathisch.
Tiene mucha gracia la niña para todo, no sólo por lo que dice, sino incluso por los gestos que hace.	Dieses Mädchen ist sehr anmutig bei allem, was sie tut, nicht nur bei dem, was sie sagt, auch in ihren Gesten.

1.22 Refranes muy usuales en la conversación / 1.22 Häufig gebrauchte Sprichwörter im Gespräch

Adónde fueres, haz lo que vieres.	Wohin du auch gehst, tu, was man dort tut (was du dort siehst).
Camarón que se duerme, se lo lleva la corriente.	Wer rastet, der rostet.
Cría cuervos y te sacarán los ojos.	Wer eine Schlange nährt, wird mit Gift belohnt.
El muerto al hoyo y el vivo al bollo.	Jedem das Seine.
Más vale lo malo conocido que lo bueno por conocer.	Besser das Schlechte, das man bereits kennt, als das Gute, das noch unbekannt ist.
Más vale maña que fuerza.	Mit Güte erreicht man mehr als mit Gewalt.
Más vale pájaro en mano que ciento volando.	Der Spatz in der Hand ist besser als die Taube auf dem Dach.
Más vale prevenir que curar.	Vorbeugen ist besser als heilen.
No es la miel para la boca del asno.	Perlen vor die Säue werfen.
No es oro todo lo que reluce.	Es ist nicht alles Gold, was glänzt.
No hay mal que cien años dure.	Es gibt kein Übel, das 100 Jahre dauert.
No hay mal que por bien no venga.	Unglück hat auch seinen Nutzen.
No todo el monte es orégano.	Es gibt überall Schwierigkeiten.

No se puede estar en misa y repicando.	Man kann nicht auf zwei Hochzeiten gleichzeitig tanzen.
No se puede nadar y guardar la ropa.	Man kann nicht auf zwei Hochzeiten gleichzeitig tanzen.
Quien a buen árbol se arrima, buena sombra le cobija.	Wer sich unter einen guten Baum stellt, bekommt guten Schatten.
Quien bien te quiere, te hará llorar.	Wer dich sehr liebt, bringt dich zum Weinen.
Quien se pica, ajos come.	Wen es juckt, der kratze sich.
Unos escardan la lana y otros se llevan la fama.	Die einen machen die Arbeit, die anderen bekommen den Ruhm dafür.

2. Datos personales

2. Persönliche Daten

2.1 Nombre y apellidos

2.1 Vorname und Nachnamen

¿Cómo te llamas?	Wie heißt du?
Me llamo Juan.	Ich heiße Juan.
¿Cómo se apellida?	Wie heißen Sie mit Familiennamen?
¿Cuáles son sus apellidos?	Wie sind Ihre Nachnamen?
Mis apellidos son Ruiz López.	Meine Nachnamen sind Ruiz López.
¿Todo el mundo tiene en España dos apellidos?	Hat in Spanien jeder zwei Nachnamen?
Sí, el primer apellido es el primer apellido del padre y el segundo es el primero de la madre.	Ja, der erste Nachname ist der erste Nachname des Vaters und der zweite der erste der Mutter.
¿Las mujeres casadas pierden su apellido?	Verlieren die verheirateten Frauen ihren Nachnamen?
No, las mujeres conservan el apellido de solteras.	Nein, die Frauen behalten ihren Mädchennamen.

2.2 Dirección

2.2 Adresse

¿Dónde vive usted?	Wo wohnen Sie?
Vivo en Madrid.	Ich wohne in Madrid.
¿Cuál es su dirección?	Wie ist Ihre Adresse?
Calle de San Antonio 57, primer piso izquierda. El código postal es 28020.	Straße San Antonio 57, 1. Stock links. Die Postleitzahl ist 28020.

2.3 Lugar de origen

2.3 Herkunftsort

¿De dónde es usted?	Woher kommen Sie?
De Chinchón, provincia de Madrid.	Aus Chinchón, Provinz Madrid.
¿Cuál es su nacionalidad?	Welche Staatsangehörigkeit haben Sie?
Española.	Die spanische.

2.4 Edad

2.4 Alter

Dígame su fecha de nacimiento, por favor.	Sagen Sie mir bitte Ihr Geburtsdatum.
¿Qué edad tiene Vd.?	Wie alt sind Sie?
¿Cuándo cumples los años?	Wann hast du Geburtstag?
¿Cuántos años tienes?	Wie alt bist du?

2.5 Estado civil	**2.5 Familienstand**
¿Cuál es su estado civil?	Wie ist Ihr Familienstand?
¿Es usted soltero?	Sind Sie ledig?
No, estoy casado.	Nein, ich bin verheiratet.
Estoy soltero.	Ich bin unverheiratet.
Estoy separado.	Ich lebe getrennt.
Estoy divorciado.	Ich bin geschieden.
Soy viudo.	Ich bin Witwer.

2.6 Datos familiares	**2.6 Über die Familie**
¿Tiene usted hijos?	Haben Sie Kinder?
Sí, tengo dos chicos y una chica.	Ja, ich habe zwei Jungen und ein Mädchen.
¿Son ya mayores sus hijos?	Sind Ihre Kinder schon größer?
La chica es la mayor, tiene dieciocho años. Los niños tienen uno doce años y otro nueve.	Das Mädchen ist die Älteste, sie ist 18 Jahre alt. Die Jungen sind 12 und 9 Jahre alt.
¿Tiene ya novio tu hija?	Hat deine Tochter schon einen festen Freund?
Pues tiene un amigo, pero no es todavía una relación formal.	Sie hat einen Freund, aber es ist noch keine feste Beziehung.
¿Cuántas personas viven en su casa?	Wie viele Personen leben in Ihrem Haus?
Mis hijos, mi mujer, mi suegro y yo. Mi suegro es pensionista, está jubilado desde hace cinco años.	Meine Kinder, meine Frau, mein Schwiegervater und ich. Mein Schwiegervater ist Rentner, er ist seit fünf Jahren im Ruhestand.
¿Qué quieren ser sus hijos de mayores?	Was wollen Ihre Kinder werden, wenn sie groß sind?
La mayor ya estudia para veterinaria, los chicos todavía son pequeños y van al colegio, uno quiere ser médico y el otro marinero.	Die Große studiert bereits Tiermedizin, die Jungen sind noch klein und gehen zur Schule, einer will Arzt werden, der andere Seemann.

2.7 Profesión	2.7 Beruf
¿Cuál es su profesión?	Was sind Sie von Beruf?
Trabajo como vendedor en unos grandes almacenes.	Ich bin Verkäufer in einem Kaufhaus.
¿Cuánto tiempo hace que trabaja para esa empresa?	Wie lange arbeiten Sie schon für diese Firma?
¿Cuál fue su anterior empleo?	Was war Ihre vorhergehende Anstellung?

3. Educación

3.1 Educación preescolar

¿Y tus niños, van ya al colegio?

No, todavía van a la guardería. Como su madre trabaja los llevamos a una guardería que está muy cerca de casa.

¿Y os fue fácil encontrar plaza?, porque dicen que ahora hay escasez de plazas.

No fue difícil, sólo los inscribimos con algún tiempo de antelación, pero no demasiado y no hubo ningún problema. ¿Y tu niña? Ya debe estar también en edad de ir a la guardería.

Sí, pero como mi mujer no trabaja, hasta que tenga edad de empezar a ir al colegio el niño estará en casa.

La primera educación fuera del hogar empieza en el jardín de infancia o guardería.

Los niños empiezan a ir a la guardería desde los 3 años, aunque cuando la madre trabaja, a veces los llevan desde más pequeños.

Antes de empezar la enseñanza primaria los niños hacen la enseñanza preescolar, y se les enseña a leer, a contar y a relacionarse con otros niños.

3. Schule und Ausbildung

3.1 Vorschule

Gehen deine Kinder schon zur Schule?

Nein, sie gehen noch in eine Kindertagesstätte. Da ihre Mutter arbeitet, bringen wir sie in eine Kindertagesstätte, die ganz in unserer Nähe ist.

Und war es leicht, einen Platz zu bekommen? Man sagt ja, es herrsche im Augenblick ein Mangel an Plätzen.

Es war nicht schwer, wir haben sie nur einige Zeit vorher angemeldet, aber nicht sehr viel früher, und es gab keine Probleme. Und deine Tochter? Sie dürfte bereits das Alter für eine Kindertagesstätte haben.

Ja, aber da meine Frau nicht arbeitet, bleibt das Kind zu Hause, bis es das Schulalter erreicht hat.

Die erste Ausbildung außerhalb des Hauses beginnt im Kindergarten oder in der Kindertagesstätte.

Die Kinder beginnen bereits mit drei Jahren in die Kindertagesstätte zu gehen, und wenn die Mutter arbeitet, bringen sie sie manchmal noch früher hin.

Bevor die Grundschule beginnt, gehen die Kinder in die Vorschule. Dort lehrt man sie zu schreiben, zu zählen und mit anderen Kindern umzugehen.

3.2 Enseñanza primaria	3.2 Grund- und Hauptschule
¡Hombre Pepito! ¡Qué grande estás ya! ¿Cómo te va en el cole?	Mensch, Pepito! Wie groß du geworden bist! Wie geht's in der Schule?
Bien.	Gut.
¿Cómo te llevas con los niños? ¿Tienes amiguitos?	Wie verstehst du dich mit den Kindern? Hast du schon Freunde?
Sí, tengo muchos amiguitos.	Ja, ich habe viele Freunde.
¡Qué bien! ¿Y los profesores cómo son?	Wie schön! Und wie sind deine Lehrer?
La „seño" es muy buena.	Das Fräulein ist sehr gut.
¿Os pone muchos deberes para casa?	Gibt sie euch viele Hausaufgaben auf?
No, muy poquitos.	Nein, ganz wenige.
¿Y qué asignaturas te gustan más?	Welche Fächer hast du am liebsten?
No sé.	Ich weiß nicht.
¿Te gustan las matemáticas?	Magst du Mathematik?
Las mates no me gustan nada, son un rollo.	Mathe mag ich überhaupt nicht. Das ist furchtbar langweilig.
Entonces, ¿qué te gusta más?	Was gefällt dir dann am besten?
Me gustan las ciencias naturales.	Ich mag die Naturwissenschaften.
¿Cón qué edad empiezan los niños el colegio?	Mit welchem Alter kommen die Kinder in die Schule?
A los 6 años empiezan los niños a ir al colegio y así comienzan la enseñanza obligatoria.	Mit sechs Jahren fängt für die Kinder die Schule an, dann beginnt für sie die Schulpflicht.
¿Hasta qué edad hay enseñanza obligatoria en España?	Bis zu welchem Alter besteht die Schulpflicht in Spanien?
Hasta los diecisésis años.	Bis zum 16. Lebensjahr
¿Es obligatoria la enseñanza primaria?	Ist die Grundschule obligatorisch?
La enseñanza básica se divide en dos etapas: La Educación Primaria y la Educación secundaria Obligatoria, más conocida por E.S.O. La Educación Primaria dura seis años y la E.S.O., cuatro años más.	Die Grundausbildung ist zweigeteilt: Sie besteht aus Grundschule und Pflicht-Hauptschule, besser bekannt als E.S.O. Die Grundschule dauert sechs Jahre, die Pflicht-Hauptschule (E.S.O.) weitere vier Jahre.

La Educación Primaria tiene lugar en el colegio y la Educación Secundaria Obligatoria, al igual que el Bachillerato, en el instituto.

Die Grundschule findet in der Schule statt, die Pflicht-Hauptschule, ebenso wie die höhere Schule (Gymnasium), im Institut.

¿Cuánto tiempo dura el curso?

Wie lange dauert das Schuljahr?

El curso escolar empieza en setiembre y termina en junio.

Das Schuljahr beginnt im September und endet im Juni.

¿Y cómo es el horario?

Und wie ist der Stundenplan?

En el colegio normalmente el horario es partido: por la mañana se va al colegio de 9 a 12:30, tres horas de clase y un recreo en el que los niños pueden jugar y comer algo.

In der Grundschule ist der Stundenplan geteilt: am Vormittag geht man von 9 bis 12.30 zur Schule, drei Stunden Unterricht und eine Erholungspause, in der die Kinder spielen und etwas essen können.

A mediodía los chicos van a casa a comer y luego regresan a clase; otros que viven lejos comen en el comedor del colegio.

Mittags gehen die Kinder zum Essen nach Hause und kommen dann in die Klasse zurück; andere, die weiter weg wohnen, essen im Speisesaal der Schule.

¿Cómo van hasta el colegio los que viven lejos?

Wie kommen die, die weiter weg wohnen, zur Schule?

Hay autobuses escolares que los llevan de su casa al colegio.

Es gibt Schulbusse, die sie von zu Hause in die Schule bringen.

¿Son obligatorias todas las asignaturas en el colegio o hay asignaturas optativas?

Sind alle Fächer in der Schule Pflichtfächer oder gibt es auch Wahlfächer?

Las clases de religión son optativas en los colegios estatales, la enseñanza es laica y se puede optar por ir a clases de ética en lugar de ir a las de religión. Es una decisión que corresponde a los padres.

Die Religionsstunden sind in den staatlichen Schulen Wahlfächer, der Unterricht ist weltlich und man kann wählen, ob man statt des Religionsunterrichts am Ethikunterricht teilnimmt. Das ist eine Entscheidung, die die Eltern treffen.

Existen también colegios religiosos, casi todos católicos, en los que la enseñanza de la religión es especialmente importante.

Es gibt auch Klosterschulen, fast alle katholisch, in denen der Religionsunterricht besonders wichtig ist.

Hay colegios de monjas sólo para niñas y de frailes sólo para niños.

Es gibt Klosterschulen mit Nonnen nur für Mädchen und Klosterschulen mit Mönchen nur für Jungen.

La enseñanza en los colegios públicos, hoy día, es siempre mixta.

Der Unterricht in den öffentlichen Schulen ist heutzutage immer gemischt.

¿Cuesta dinero el colegio o la enseñanza es gratuita?

Kostet die Schule Geld oder ist der Unterricht gratis?

Los colegios públicos son gratuidos, pero hay quien lleva a sus hijos a un colegio privado que hay que pagar y que suele ser caro. Además hay colegios subvencionados.

Die öffentlichen Schulen sind gratis, aber manche bringen ihre Kinder auf Privatschulen, die bezahlt werden müssen und die normalerweise sehr teuer sind. Daneben gibt es auch subventionierte Schulen.

¿Qué es un colegio subvencionado?

Was ist eine subventionierte Schule?

Es un colegio privado, pero que recibe dinero del Estado para que los niños que estudian allí no tengan que pagar, como si fuera un colegio público, o si pagan, que paguen sólo una pequeña cantidad.

Das ist eine Privatschule, die aber vom Staat Geld bekommt, damit die Kinder, die dort lernen, nicht zu bezahlen brauchen, so, als ob es eine öffentliche Schule wäre, oder wenn sie bezahlen, dann nur einen kleinen Betrag.

Los niños no tienen mucho tiempo para jugar durante el curso, porque cuando vuelven a casa, todavía tienen que hacer los deberes para el día siguiente.

Während des Schuljahres haben die Kinder nicht viel Zeit zum Spielen, denn wenn sie nach Hause kommen, müssen sie noch Hausaufgaben für den nächsten Tag machen.

Para dar clases en un colegio hay que ser maestro, para lo que se debe haber estudiado magisterio.

Um in einer Schule unterrichten zu können, muss man Lehrer sein, und dafür muss man für das Lehramt studiert haben.

¿Al final de la enseñanza obligatoria, hay que hacer un examen general?

Muss man nach der Pflichtausbildung eine allgemeine Prüfung ablegen?

No, si se aprueba cuarto de E.S.O. se obtiene el Título de Graduado en Educación Secundaria. Sin este título no se puede estudiar ni el Bachillerato ni la Formación Profesional Específica.

Nein, wenn man das vierte Jahr der Pflicht-Hauptschule erfolgreich abschließt, erhält man den Hauptschulabschluss. Ohne diesen Abschluss kann man weder die höhere Schule (Gymnasium) noch eine berufsbildende Schule besuchen.

3.3 Enseñanza media

3.3 Sekundarschulwesen

La enseñanza media es voluntaria y los chicos la empiezan después de la Educación Secundaria Obligatoria, tienen entonces generalmente dieciséis o diecisiete años.

Das Sekundarschulwesen ist freiwillig, und die Kinder fangen damit nach der Pflicht-Hauptschule an, sie sind dann in der Regel sechzehn oder siebzehn Jahre alt.

El Bachillerato es una etapa educativa, en la cual los chicos se van orientando con vistas a los estudios universitarios.

Die höhere Schule (Gymnasium) ist ein Ausbildungsabschnitt, während dessen sich die Schüler mit Blick auf das Hochschulstudium vorbereiten.

Esta etapa dura dos años y al final de los cursos se obtiene el Título de Bachiller.

Dieser Abschnitt dauert zwei Jahre, und am Ende erhält man den Abitur-Abschluss.

El Bachillerato tiene cuatro modalidades diferentes: Tecnología, Artes, Ciencias de la Naturaleza y de la Salud y, por último, Humanidades y Ciencias Sociales.

Die höhere Schule (Gymnasium) hat vier verschiedene Fachrichtungen: Technologie, Kunst, Naturwissenschaft und Gesundheit und schließlich Sozialwissenschaft.

Dentro de las modalidades hay materias comunes, propias y optativas.

Innerhalb der Fachrichtungen gibt es gemeinsame Fächer, Spezialfächer für jede Fachrichtung und Wahlfächer.

Las materias comunes son para todos los alumnos con independencia de la modalidad elegida.

Die gemeinsamen Fächer gelten für alle Schüler, unabhängig von der gewählten Fachrichtung.

Las materias propias caracterizan a cada una de las modalidades establecidas y contribuyen a conseguir que el alumno obtenga una formación específica ligada a la modalidad elegida.

Die Spezialfächer charakterisieren jede Fachrichtung und tragen dazu bei, dass jeder Schüler eine spezielle Ausbildung erhält, die sich an der gewählten Fachrichtung orientiert.

Existen numerosos institutos nacionales de enseñanza media, aunque también se puede estudiar en centros privados, siempre y cuando estén homologados por el Ministerio de Educación.

Es gibt viele nationale Institute für die Sekundarausbildung, obwohl man diese auch in Privatschulen studieren kann, aber nur, wenn diese durch das Erziehungsministerium anerkannt sind.

Una vez terminado y aprobado el Bachillerato, los que quieren ir a la Universidad tienen que superar la Prueba de Acceso a la Universidad (PAU), más conocida como Selectividad.

Wenn die höhere Schule abgeschlossen und das Abitur bestanden ist, müssen die Schüler, die an die Universität gehen möchten, die Aufnahmeprüfung für die Universität, besser bekannt als Selectividad, bestehen.

En muchas Universidades no hay suficientes plazas para todos los solicitantes, por eso muchas facultades tienen númerus clausus.

In vielen Universitäten gibt es nicht genügend Studienplätze für alle Studienbewerber, deshalb haben viele Fakultäten einen Numerus Clausus.

La formación profesional Específica o F. P. Específica habilita para ejercer un oficio. Por una parte se imparten conocimientos culturales básicos y por otra se hacen trabajos prácticos en talleres.

Die berufliche Ausbildung ermöglicht es, ein Handwerk auszuüben. Einerseits werden kulturelle Basiskenntnisse vermittelt, und andererseits werden praktische Arbeiten in den Werkstätten ausgeführt.

La Formación Profesional Específica se divide en dos ciclos: uno de grado medio y otro de grado superior.

Die berufsbildende Ausbildung ist in zwei Stufen aufgeteilt: eine mittlere und eine höhere Berufsschule.

En la enseñanza media dan clase profesores de diversas especialidades que han hecho una carrera universitaria.

In der Sekundarausbildung unterrichten Lehrer verschiedener Fächer, die ein Universitätsstudium hinter sich haben.

3.4 Enseñanza superior

3.4 Hochschulausbildung

Los estudios superiores se realizan en las universidades, escuelas universitarias y escuelas técnicas superiores.

Das Hochschulstudium findet an Universitäten, Universitätsschulen und technischen Hochschulen statt.

En las universidades se estudian las carreras de grado superior que constan de cinco cursos, una vez aprobados los cuales se obtiene el título de licenciado.

An den Universitäten absolviert man die höhere akademische Berufslaufbahn. Das dauert fünf Jahre, und wenn man diese bestanden hat, erhält man den Titel eines Akademikers.

¿Para hacer cualquier carrera hay que estudiar cinco años?

Muss man für jede Laufbahn fünf Jahre studieren?

Para muchas de ellas sí, pero las hay más largas y más cortas.

Für die meisten schon, aber es gibt längere und kürzere.

¿Qué es una escuela universitaria?

Was ist eine Universitätsschule?

Es un centro en el que se cursan estudios universitarios de grado medio.

Das ist ein Institut, in dem mittlere Universitätsstudienfächer unterrichtet werden.

Entre los docentes universitarios existe una jerarquía. El cargo más importante es el de catedrático, por debajo de él están los profesores titulares y los ayudantes.

Bei den Universitätsprofessoren gibt es eine Hierarchie. Der wichtigste Titel ist der des Hochschulprofessors, danach kommen die ordentlichen Professoren und die wissenschaftlichen Assistenten.

4. Vivienda

4. Wohnung

Tú estabas buscando piso, ¿no? ¿Has conseguido ya algo?

Du hast eine Wohnung gesucht, nicht wahr? Hast du schon etwas gefunden?

¡Qué va! Sigo buscando. Está dificilísimo encontrar algo. Y carísimo. Encontrar cualquier cosa decente y a buen precio es como acertar la lotería.

Von wegen! Ich suche immer noch. Es ist so schwierig, etwas zu finden. Und wahnsinnig teuer. Etwas Angemessenes zu einem günstigen Preis zu finden, ist wie in der Lotterie zu gewinnen.

¿Por dónde lo quieres? ¿En el centro o en las afueras?

In welcher Gegend möchtest du wohnen? Im Zentrum oder in der Umgebung?

A mí me gusta más vivir en el centro, pero no me importaría que estuviera en las afueras si está cerca del trabajo.

Ich wohne lieber im Zentrum, aber es würde mir nichts ausmachen, in der Umgebung, in der Nähe der Arbeit zu sein.

También tienes que tener en cuenta que es importante que esté bien comunicado, que haya cerca un colegio para los niños, comercios y zonas de recreo.

Du musst auch bedenken, dass es wichtig ist, gute Verkehrsverbindungen zu haben, dass eine Schule für die Kinder in der Nähe ist und Geschäfte und Freizeitgelände.

Sí, pero no es fácil conseguir todo eso, muchos barrios no tienen los servicios necesarios.

Ja, aber es ist nicht leicht, all das zu bekommen. Viele Gebiete haben nicht die nötigen Einrichtungen.

¿Has mirado ya los anuncios del periódico?

Hast du dir schon die Zeitungsanzeigen angesehen?

Llevo varias semanas mirándolos, pero creo que no es la mejor forma de encontrar algo.

Ich sehe sie mir schon seit einigen Wochen an, aber ich glaube, das ist nicht die beste Art, etwas zu finden.

¿Cómo quieres que sea el piso, en general?

Wie möchtest du die Wohnung haben, ganz allgemein?

Pues por lo menos quiero que tenga tres dormitorios, un salón, una cocina grande y dos cuartos de baño. Me gustaría que también tuviera una terraza y un cuarto trastero. Aunque la distribución no me importa mucho, no me gustaría que tuviera un pasillo muy largo ni que la cocina estuviera al lado de los dormitorios.

Nun, ich möchte, dass sie wenigstens drei Schlafzimmer hat, ein Wohnzimmer, eine große Küche und zwei Bäder. Ich hätte auch gern eine Terrasse und einen Abstellraum. Auch wenn mir die Aufteilung ziemlich egal ist, möchte ich keinen langen Gang und die Küche soll nicht neben den Schlafzimmern sein.

¿Has pensado qué orientación prefieres?	Hast du schon an die Himmelsrichtung gedacht?
Prefiero que esté orientado hacia el oeste, para que tenga más luz y que esté en una planta alta, porque así es menos ruidoso, sobre todo por los coches y los gritos de los chavales.	Ich hätte sie gerne nach Westen gelegen, damit sie mehr Licht hat und in einem oberen Stockwerk, dort ist es ruhiger, vor allem wegen der Autos und dem Geschrei der Kinder.
¿También quieres que tenga garaje?	Soll sie auch eine Garage haben?
Pues sí, porque ya sabes lo divícil que es encontrar aparcamiento aquí. Lo malo es el precio, ya sabes que todo está carísimo. Con lo que hoy cuesta un piso se podía uno comprar un chalet hace sólo tres años, pero con el dinero que ahora tengo apenas puedo comprar un apartamento.	Ja, denn du weißt ja, wie schwer es ist, hier einen Parkplatz zu finden. Das Schlimme ist der Preis, du weißt ja, dass alles sündhaft teuer ist. Was heute eine Wohnung kostet, dafür hätte man noch vor drei Jahren ein Haus bekommen, aber mit dem Geld, das ich jetzt habe, kann ich kaum ein Appartement kaufen.
Pero puedes pensar en pedir un crédito o en buscar un piso de protección oficial.	Aber du kannst daran denken, einen Kredit aufzunehmen oder eine öffentlich geförderte Wohnung zu suchen.
¡Anda! ¡Es verdad! No había pensado en eso. Tú que trabajas en la administración estarás enterado. ¿Cómo se consigue un piso de protección oficial?	Ach ja! Das stimmt! Daran habe ich nicht gedacht. Du weißt Bescheid, weil du in der Verwaltung arbeitest. Wie bekommt man eine öffentlich geförderte Wohnung?
Hay que solicitarlo en el ayuntamiento y uno de los requisitos más importantes es que tu sueldo no sea muy alto ; los matrimonios con hijos también tienen preferencia.	Man muss sie bei der Stadtverwaltung beantragen und eine der wichtigsten Voraussetzungen ist, dass dein Gehalt nicht sehr hoch ist; Ehepaare mit Kindern haben auch Vorrang.
Entonces quizá no me sería muy difícil conseguir uno. Claro, que no se podrá elegir mucho.	Dann ist es vielleicht nicht schwer für mich, eine zu bekommen. Natürlich hat man keine große Auswahl.
No te pienses ... a veces hay buenas ofertas, pero el tiempo de espera no suele ser corto. Los pisos de hoy día reunen bastantes comodidades y buena calidad y si no te urge mucho, merece la pena solicitarlo y esperar.	Glaub das nicht ... manchmal gibt es gute Angebote, aber die Wartezeit ist normalerweise nicht kurz. Die Wohnungen haben heutzutage viele Annehmlichkeiten und sind von guter Qualität, und wenn es dir nicht sehr eilt, lohnt es sich, sie zu beantragen und zu warten.

Eso es lo malo, que me urge bastante. Tengo que salir del piso que tengo ahora. Estoy de alquilado hace tres años, pero ahora resulta que lo tengo que dejar.

Das ist das Dumme, es eilt ziemlich. Ich muss aus der Wohnung, die ich jetzt habe, ausziehen. Ich wohne seit drei Jahren zur Miete und jetzt muss ich sie verlassen.

¿Ah, sí? ¿Y cómo es eso?

Tatsächlich? Wie kommt das?

Pues resulta que se casa una hija de la dueña, y legalmente, en ese caso, tienen derecho a utilizarlo después de darme un plazo para buscar algo. Así que aquí me tienes buscando como loco, porque dentro de cuatro meses, si no he encontrado algo, me ponen de patitas en la calle.

Nun, die Tochter der Eigentümerin heiratet, und in diesem Fall haben sie gesetzlich das Recht, sie selbst zu nutzen, nachdem sie mir eine Frist gesetzt haben, etwas Neues zu suchen. Und hier bin ich nun und suche wie ein Verrückter, denn wenn ich in vier Monaten nichts gefunden habe, setzen sie mich auf die Straße.

¡Pues vaya problema, chico!

Junge, das ist aber wirklich ein Problem.

No te preocupes, que yo me voy a enterar de lo de las viviendas subvencionadas. Además, si me entero de cualquier otra cosa, por supuesto que te lo digo.

Mach dir keine Sorgen, ich werde mich über die geförderten Wohnungen informieren. Außerdem, wenn ich irgendetwas erfahre, sage ich es dir natürlich.

Oye, muchas gracias. Díselo a la gente que conozcas, a ver si entre unos y otros …

Vielen Dank. Sag es den Leuten, die du kennst, vielleicht kann der eine oder andere …

Descuida, vamos a ver si damos con algo que te venga bien.

Sei unbesorgt, vielleicht finden wir etwas, das geeignet für dich ist.

Vamos a echar un vistazo a los anuncios del periódico, a ver si por casualidad hay alguna oferta de piso que nos interese:

Werfen wir einen Blick in die Zeitungsanzeigen, vielleicht ist zufällig ein Wohnungsangebot drin, das interessant für uns ist:

„Fernández de los Ríos, 34. Apartamentos y áticos de uno y dos dormitorios. A estrenar. Llave en mano. Facilidades, 15 años. Información en obra“.

„Fernández de los Ríos 34. Appartements und Dachgeschosswohnungen mit ein und zwei Schlafzimmern. Erstbezug. Schlüsselfertig. Zahlungserleichterungen, 15 Jahre. Information auf der Baustelle.“

La zona es buena.

Die Gegend ist gut.

Sí pero todavía no los han acabado de construir, lo mismo va para largo y a nosotros nos urge. Además no dan ni el teléfono ...

Ja, aber sie sind noch nicht fertig gebaut, das kann noch lange dauern und uns eilt es. Außerdem geben sie nicht einmal die Telefonnummer an ...

Mira éste: „Calle de Arturo Soria. Nueva construcción, jardines, piscina, garaje y trastero. 450.000 euros.

Schau mal hier: „Arturo-Soria-Straße. Neubau. Gärten, Schwimmbad, Garage und Abstellkammer. 450.000 Euro.

¡A otra cosa, mariposa!

Flieg weiter, Schmetterling!

Calle de Opera, 95 metros cuadrados, 3 dormitorios, nuevo, calefacción central, exterior. Entrada, 20.000 euros.

Opernstraße, 95 qm, 3 Schlafzimmer, neu, Zentralheizung, Außenlage. Anzahlung 20.000 Euro.

Mira, pues éste no se ve mal, apunta el número de teléfono y vamos a llamar rápidamente a ver qué nos dicen de las condiciones.

Schau, das sieht nicht schlecht aus, schreib die Telefonnummer auf und lass uns schnell anrufen. Mal sehen, was sie uns über die Bedingungen sagen.

5. Vida laboral

5. Arbeit und Beruf

¿Cuál es su profesión?

Was sind Sie von Beruf?

Soy mecánico de coches.

Ich bin Automechaniker.

¿Trabaja usted por cuenta propia?

Arbeiten Sie auf eigene Rechnung?

No, soy empleado. Trabajo en una empresa multinacional, una de las más importantes del sector.

Nein, ich bin Angestellter. Ich arbeite in einer multinationalen Firma, einer der größten auf dem Gebiet.

¿Tiene muchos empleados su empresa?

Hat Ihre Firma viele Angestellte?

En la central hay varios miles en nómina. Además tiene numerosas filiales en varios países.

In der Zentrale sind einige tausend auf der Gehaltsliste. Außerdem hat sie zahlreiche Filialen in verschiedenen Ländern.

¿A qué seguros tiene usted derecho con su empleo?

Auf welche Versicherungen haben Sie bei Ihrer Anstellung Anspruch?

Tengo derecho a un seguro de enfermedad y al seguro de desempleo. Además me descuentan un tanto para la jubilación.

Ich habe Anspruch auf Krankenversicherung und Arbeitslosenversicherung. Außerdem ziehen sie mir einen Betrag für die Altersversicherung ab.

Las cotizaciones a la seguridad social han subido mucho en los últimos años, pero las prestaciones no han mejorado demasiado.

Die Beiträge zur Sozialversicherung sind in den letzten Jahren sehr gestiegen, aber die Leistungen haben sich nicht sehr verbessert.

¿Sabes que mi hijo mayor se ha colocado en una empresa?

Weißt du, dass mein ältester Sohn in einer Firma eine Anstellung gefunden hat?

¡No me digas! ¿De qué trabaja?

Tatsächlich! Als was arbeitet er?

En una cadena de montaje, en una fábrica de ordenadores. Es un trabajo aburrido pero gana bastante.

An einem Montageband, in einer Computerfabrik. Es ist eine langweilige Arbeit, aber er verdient ganz gut.

¿Qué tipo de jornada tiene?

Was für eine Arbeitszeit hat er?

Trabaja con jornada continua. Empieza a las siete y a las tres va a comer a casa. Luego tiene la tarde libre. Es mejor que una jornada partida porque así la tarde le queda libre.

Er hat durchgehende Arbeitszeit. Er beginnt um sieben und geht um 3 Uhr zum Essen nach Hause. Danach hat er den Nachmittag frei. Das ist besser als eine geteilte Arbeitszeit, denn so hat er den Nachmittag frei.

¿Cómo consiguió ese puesto?	Wie hat er diese Stelle bekommen?
Pues vio un anuncio en el periódico, solicitó el puesto y después de unas pruebas y unas entrevistas lo escogieron.	Nun, er sah eine Anzeige in der Zeitung, bewarb sich um die Stelle, und nach einigen Tests und Gesprächen haben sie ihn ausgewählt.
¿Y Juan a qué se dedica ahora?	Und Juan, was macht er jetzt?
Se ha hecho autónomo. Ha montado su propia empresa. Tiene tres empleados y la cosa parece que marcha bien. Para el mes que viene me ha dicho que quiere contratar a otra persona.	Er hat sich selbstständig gemacht. Er hat seine eigene Firma aufgebaut. Er hat drei Angestellte und es sieht so aus, als würde die Sache gut laufen. Für den kommenden Monat will er noch jemanden einstellen, hat er mir gesagt.
¡No me imagino a Juan de empresario!	Ich kann mir Juan nicht als Unternehmer vorstellen!
Pues yo le envidio. Si encontrara un socio que aportase una parte del capital, invertiría unos ahorrillos que tengo y me animaría también con una empresa que me está dando vueltas en la cabeza desde hace algún tiempo.	Nun, ich beneide ihn. Wenn ich einen Partner finden würde, der einen Teil des Kapitals einbrächte, würde ich einige meiner Ersparnisse investieren und mich zu einer Firma entschließen, die mir seit einiger Zeit im Kopf herumgeht.
Pero es una responsabilidad grande, tienes que pagar todos los meses la nómina a los empleados, y sobre todo al principio te puedes ver en apuros. ¿Y cuál es tu proyecto?	Aber das ist eine große Verantwortung, du musst jeden Monat die Gehälter an die Angestellten zahlen, und vor allem am Anfang kannst du in Schwierigkeiten kommen. Wie sieht denn dein Projekt aus?
Quiero poner un negocio, una tienda de electrodomésticos.	Ich möchte ein Geschäft aufmachen, einen Laden mit Elektroartikeln.
Yo me encuentro muy bien trabajando en la oficina. Es un trabajo tranquilo, y aunque no te haces rico, tampoco pasas aprietos. Antes, cuando era vendedor a comisión, unas temporadas ganaba mucho pero otras muy poco, según el mercado y los pedidos de los clientes.	Ich fühle mich sehr wohl bei meiner Arbeit im Büro. Es ist eine ruhige Arbeit, und, auch wenn du nicht reich wirst, kommst du auch nicht in Bedrängnis. Früher, als ich Verkäuferin auf Provisionsbasis war, verdiente ich manchmal viel, aber manchmal wenig, je nach Marktlage und den Aufträgen der Kunden.
Pero ahora eres functionario, ¿no?	Aber du bist jetzt Beamter, oder?

Pues sí, saqué las oposiciones el año pasado y ahora vivo con otra tranquilidad. En estos tiempos en los que proliferan los contratos temporales es un lujo tener un puesto fijo de por vida. ¿Tú estás afiliado a algún sindicato?	Richtig, letztes Jahr habe ich die Oposiciones (span. Auswahlprüfung für Staatsstellen) gemacht und jetzt lebe ich noch ruhiger. In diesen Zeiten, in denen die Zeitverträge immer mehr zunehmen, ist es ein Luxus, eine feste Lebensstellung zu haben. Bist du in irgendeiner Gewerkschaft?
Sí, creo que es importante para defender los intereses propios. Formo parte del comité de empresa.	Ja, ich glaube, das ist wichtig, um die eigenen Interessen zu verteidigen. Ich bin Mitglied des Betriebsrates.
¿Hay muchos conflitos en vuestra empresa por la negociación salarial?	Gibt es in eurer Firma viele Konflikte bei den Lohnverhandlungen?
No solemos tener problemas. Este año la subida de sueldos ha estado por encima del aumento del coste de la vida. Además hemos conseguido un día más de vacaciones.	Wir haben normalerweise keine Probleme. Dieses Jahr lag die Lohnerhöhung über dem Anstieg der Lebenshaltungskosten. Außerdem haben wir einen weiteren Urlaubstag erreicht.
El mercado de trabajo está muy mal actualmente. El porcentaje de parados es muy alto y cada vez son más los jóvenes que buscan su primer empleo.	Auf dem Arbeitsmarkt sieht es augenblicklich sehr schlecht aus. Der Prozentsatz der Arbeitslosen ist sehr hoch und es gibt immer mehr Jugendliche, die ihre erste Anstellung suchen.
Entre la población activa las mujeres son todavía minoría, aunque su incorporación al trabajo fuera de la casa y de las labores domésticas ha crecido mucho en los últimos años.	In der arbeitenden Bevölkerung sind die Frauen immer noch in der Minderzahl, auch wenn ihre Eingliederung in den Arbeitsprozess außerhalb von Haus und häuslichen Arbeiten in den letzten Jahren sehr zugenommen hat.
La producción ha aumentado sensiblemente, aunque es urgente modernizar algunas empresas.	Die Produktion hat spürbar zugenommen, auch wenn es dringend erforderlich ist, einige Firmen zu modernisieren.
La creación de empleo es una labor urgente que corresponde al gobierno en buena medida. El objetivo debe ser lograr el pleno empleo.	Die Schaffung von Arbeitsplätzen ist eine dringende Aufgabe, die zu einem guten Teil Aufgabe der Regierung ist. Das Ziel muss es sein, die Vollbeschäftigung zu erreichen.

Aunque el desempleo es alto, hay carencia de aprendices para algunos oficios que tienen mucha demanda. También es cada vez más necesaria la mano de obra cualificada.	Auch wenn die Arbeitslosenzahl hoch ist, herrscht doch ein Mangel an Lehrlingen für einige Handwerke, die einen großen Bedarf haben. Auch braucht man immer nötiger qualifizierte Arbeitskräfte.
El conocimiento de varias lenguas es una buena ayuda a la hora de buscar un puesto de trabajo en cualquier parte.	Die Kenntnis von verschiedenen Fremdsprachen ist eine gute Hilfe, wo und wann immer man Arbeit sucht.
Una secretaria debe saber taquigrafía y mecanografía y conocer programas de tratamiento de textos.	Eine Sekretärin muss Steno und Schreibmaschine beherrschen und Textverarbeitungsprogramme kennen.
Elegir una profesión adecuada a las propias capacidades es muy importante.	Den geeigneten Beruf für die eigenen Fähigkeiten zu wählen, ist sehr wichtig.
Si pudiera, cambiaría de trabajo, porque el que tengo ahora no me gusta nada.	Wenn ich könnte, würde ich die Arbeit wechseln, denn die, die ich jetzt habe, gefällt mir überhaupt nicht.
Les medidas de seguridad en las minas de carbón dejan a veces mucho que desear.	Die Sicherheitsvorkehrungen in den Kohlebergwerken lassen manchmal viel zu wünschen übrig.
Las condiciones de trabajo no son en esa empresa todo lo buenas que debieran.	Die Arbeitsbedingungen sind in dieser Firma nicht so gut, wie sie sein sollten.
Con ese ritmo de trabajo que lleva va a terminar enfermando.	Bei seinem Arbeitsrhythmus wird er am Ende krank werden.
Es una profesión con la que se gana bastante dinero, pero provoca demasiado estrés.	Das ist ein Beruf, mit dem man ziemlich viel Geld verdient, aber er bringt zu viel Stress mit sich.
En esta oficina siempre hay montañas de trabajo.	In dieser Firma gibt es immer Berge von Arbeit.
Estoy buscando un nuevo puesto, porque las posibilidades de promoción en mi empresa son muy escasas.	Ich suche eine neue Anstellung, denn die Beförderungsmöglichkeiten sind in meiner Firma sehr spärlich.
Para mí es muy importante que haya un buen ambiente en el trabajo.	Für mich ist es sehr wichtig, dass das Arbeitsklima gut ist.
Yo prefiero trabajar con horario flexible, porque así no tengo que ceñirme siempre al mismo ritmo y eso me da más libertad.	Ich ziehe flexible Arbeitszeit vor, denn so muss ich mich nicht immer an den gleichen Rhythmus halten, und das gibt mir mehr Freiheit.

Desde hace poco, el horario de atención al público en los bancos se ha ampliado una hora más.	Seit kurzer Zeit sind die Öffnungszeiten für den Publikumsverkehr in den Banken um eine Stunde verlängert worden.
La patronal se ha mostrado partidaria de la liberalización de los horarios comerciales.	Der Arbeitgeberverband hat sich als Befürworter der Liberalisierung der Geschäftszeiten erwiesen.
El sindicato ha pedido la redución de la jornada laboral a 39 horas semanales y un aumento salarial del cinco por ciento.	Die Gewerkschaft hat eine Arbeitszeitverkürzung auf 39 Wochenstunden gefordert und eine Lohnerhöhung um fünf Prozent.
El gobierno está llevando a cabo conversaciones con la patronal y los sindicatos con vistas a lograr un pacto social.	Die Regierung führt Gespräche mit dem Arbeitgeberverband und den Gewerkschaften mit Blick darauf, einen Sozialpakt zu erreichen.
La tasa de desempleo en este país es elevadísima.	Die Arbeitslosenzahl in diesem Land ist sehr hoch.
El gobierno va a tomar nuevas medidas para luchar contra el paro.	Die Regierung wird neue Mittel ergreifen, um gegen die Arbeitslosigkeit zu kämpfen.
La creación de nuevos empleos es muy urgente.	Die Schaffung neuer Arbeitsplätze ist sehr dringend.
Ahora estoy sin trabajo, pero todavía puedo cobrar el paro durante un año.	Im Augenblick bin ich arbeitslos, aber noch kann ich für ein Jahr Arbeitslosengeld bekommen.
Mi hermano está en paro.	Mein Bruder ist arbeitslos.
Yo de momento estoy parado, pero espero encontrar pronto algún trabajillo.	Im Moment bin ich arbeitslos, aber ich hoffe, bald irgendeinen Job zu finden.

6. Vida diaria en casa

6. Tägliches Leben zu Hause

6.1 Levantarse y acostarse

6.1 Aufstehen und Schlafengehen

¡Buenos días! ¿Qué tal has dormido?

Guten Morgen! Wie hast du geschlafen?

He dormido fatal, estoy como si me hubieran dado una paliza y ahora tengo un sueño que me caigo.

Ich habe ganz schlecht geschlafen, ich komme mir vor, als hätte man mich verprügelt, und jetzt bin ich so müde, dass ich beinahe umfalle.

¿Has tenido pesadillas?

Hast du Alpträume gehabt?

¡No, qué va!, si prácticamente no he pegado ojo en toda la noche, me la he pasado dando vueltas en la cama.

Nein, überhaupt nicht, ich habe praktisch die ganze Nacht kein Auge zugetan, ich habe mich nur im Bett herumgewälzt.

Con este calor que está haciendo es difícil dormir bien, pero yo siempre duermo como un tronco, tengo un sueño muy pesado. Es una suerte porque siempre me levanto más fresco que una lechuga.

Bei dieser Hitze zurzeit ist es schwer, gut zu schlafen, aber ich schlafe immer wie ein Stein, ich habe einen sehr tiefen Schlaf. Das ist ein Glück, denn ich stehe immer frisch und munter auf.

Ya te conozco, tú duermes como un lirón y como te coja bien dormido, ya puede sonar el despertador media hora que no te despiertas.

Ich kenne dich schon, du schläfst wie ein Murmeltier, und wenn du tief schläfst, kann der Wecker eine halbe Stunde läuten, ohne dass du wach wirst.

Yo tengo el sueño muy ligero, me despierto con el ruido de una mosca y muchas veces me levanto más cansado que me acuesto.

Ich habe einen sehr leichten Schlaf, ich werde vom Geräusch einer Fliege wach, und oft stehe ich müder auf als ich mich schlafen gelegt habe.

¡Vaya pelos con que te levantas! Péinate un poco, que das susto.

Mit was für Haaren kommst du denn aus dem Bett! Kämm dich ein bisschen, man bekommt ja einen Schreck.

No te desperezes más y vístete rápido, que vas a llegar tarde.

Räkle dich nicht weiter und zieh dich schnell an, du wirst noch zu spät kommen.

Abre la ventana que se ventile bien el cuarto.

Öffne das Fenster, damit das Zimmer gut gelüftet wird.

Dice el refrán que „a quien madruga Dios le ayuda“.

Ein Sprichwort sagt: „Wer früh aufsteht, dem hilft Gott“.

Sí pero refranes hay para todos los gustos, yo me quedo con ese otro que dice que „no por mucho madrugar amanece más temprano“.	Ja, aber Sprichwörter gibt es, wie man sie haben will. Ich halte mich an das andere: „Auch wenn man noch so früh aufsteht, wird es doch nicht eher Tag.“
Se dice que „uno que madrugó, una moneda encontró“.	Man sagt auch: „Einer, der früh aufstand, fand eine Münze“.
Pero, „más madrugó el que la perdió“.	Aber „der, der sie verlor, war noch früher aufgestanden“.
He pasado una noche fatal.	Ich habe eine ganz schlechte Nacht verbracht.
Me he pasado la noche en vela.	Ich habe die Nacht schlaflos verbracht.
He estado toda la noche en un duermevela.	Ich war die ganze Nacht nur im Halbschlaf.
Estoy desvelado, no puedo pegar ojo.	Ich leide an Schlaflosigkeit, ich kann kein Auge zutun.
Anoche no me pude dormir hasta las tantas.	Diese Nacht konnte ich lange nicht einschlafen.
Tengo muchas dificultades para poder conciliar el sueño.	Ich habe große Schwierigkeiten, bis ich Schlaf finden kann.
He dormido de maravilla.	Ich habe wunderbar geschlafen.
He dormido como un bendito.	Ich habe geschlafen wie ein Toter.
He dormido como un lirón.	Ich habe wie ein Murmeltier geschlafen.
He dormido como un tronco.	Ich habe geschlafen wie ein Stein.
He puesto el despertador muy pronto, mañana hay que madrugar.	Ich habe den Wecker sehr früh gestellt, morgen müssen wir früh aufstehen.
Mañana, nos toca darnos el madrugón.	Morgen müssen wir sehr früh aufstehen.
Si no oigo el despertador, llámame, no me puedo quedar dormido mañana.	Wenn ich den Wecker nicht höre, weck mich, denn morgen darf ich nicht verschlafen.
Este hombre siempre se acuesta a la hora de las gallinas.	Dieser Mensch geht immer mit den Hühnern schlafen.
Aquí siempre nos acostamos a las tantas.	Hier gehen wir immer sehr spät schlafen.

¡Estoy muerto de sueño!

Ich bin todmüde!

Pues no es tan tarde, lo que pasa es que eres muy dormilón.

Nun, so spät ist es nicht, du bist nur ein Langschläfer.

No, es que hoy he tenido que darme un madrugón y luego no me he podido echar ni una siestecita.

Nein, ich musste nur heute früh aufstehen und konnte dann nicht einmal eine kleine Siesta halten.

Claro, tú si no te echas aunque sea una horita de siesta no vales luego para nada.

Natürlich, wenn du dich nicht hinlegst, und wenn es nur eine Stunde ist, bist du zu nichts zu gebrauchen.

Y con menos me conformo, con dar sólo una cabezada veinte minutos, aunque sea sentado en el sillón o echado en el sofá, ya es otra cosa.

Ich wäre auch mit weniger zufrieden, nur 20 Minuten die Augen zumachen, nur im Sessel sitzend oder auf dem Sofa, dann ist es gleich etwas ganz anderes.

A mí la siesta después de comer me pone muy mal cuerpo. ¿A qué hora te tienes que levantar mañana?

Mir bekommt die Siesta nach dem Essen sehr schlecht. Wann musst du morgen aufstehen?

Un poco más tarde que hoy, pero pronto de todas formas. A las ocho tengo que estar en el centro, tengo un montón de diligencias que hacer, así que me voy a acostar ya para estar bien descansado. ¿Tú te acuestas ya?

Etwas später als heute, aber früh auf jeden Fall. Um acht Uhr muss ich in der Stadt sein, ich habe eine Menge Dinge zu erledigen, deshalb gehe ich jetzt schlafen, um morgen ausgeschlafen zu sein. Gehst du schon schlafen?

No, es muy pronto para irme ya a la cama, hoy he dormido hasta muy tarde y no tengo ni pizca de sueño.

Nein, für mich ist es noch zu früh, um ins Bett zu gehen, heute habe ich lange geschlafen und bin kein bisschen müde.

¿Tú a qué hora te acuestas normalmente?

Wann gehst du normalerweise schlafen?

En casa nos acostamos siempre tarde, a eso de las doce de la noche, pero a los niños los acostamos antes.

Zu Hause gehen wir immer spät schlafen, so um 12 Uhr nachts herum, aber die Kinder bringen wir früher ins Bett.

Buenas noches. Hasta mañana.

Gute Nacht. Bis morgen.

Buenas noches y que descanses.

Gute Nacht und schlaf gut.

6.2 Aseo	6.2 Körperpflege
Lo primero que hago al levantarme es pegarme una ducha.	Das erste, was ich nach dem Aufstehen mache, ist, schön zu duschen.
¿Te duchas con agua fría o caliente?	Duschst du mit kaltem oder warmem Wasser?
Siempre con agua fría, hasta en el invierno. Así me despierto bien.	Immer mit kaltem Wasser, sogar im Winter. So werde ich schnell wach.
Yo prefiero bañarme, por las noches me meto en la bañera con agua caliente y me relaja mucho.	Ich bade lieber, am Abend lege ich mich in die Badewanne mit heißem Wasser und entspanne mich schön.
Hay que acostumbrar a los niños a lavarse los dientes por lo menos tres veces al día.	Man muss die Kinder daran gewöhnen, sich wenigstens dreimal am Tag die Zähne zu putzen.
¿Dónde he podido dejar mi cepillo y mi pasta de dientes?	Wo habe ich bloß meine Zahnbürste und meine Zahnpasta gelassen?
La ducha bucal que he comprado es muy buena.	Die Mundddusche, die ich gekauft habe, ist sehr gut.
Recomiendan los dentífricos con fluor, porque dicen que previenen la caries.	Es werden Zahnpflegemittel mit Fluor empfohlen, denn man sagt, sie beugen der Karies vor.
Me gusta más lavarme con gel que con pastilla de jabón.	Ich wasche mich lieber mit Duschgel als mit einem Stück Seife.
El dermatólogo me ha recomendado que use un jabón con un ph adecuado.	Der Dermatologe hat mir empfohlen, eine Seife mit einem entsprechenden pH-Wert zu benutzen.
Prefiero usar un desodorante sin olor.	Ich benutze lieber ein Deodorant ohne Parfüm.
Este agua de colonia es muy refrescante.	Dieses Kölnischwasser ist sehr erfrischend.
Me encanta el aroma de este perfume.	Ich liebe den Duft dieses Parfüms.
Con este clima es muy recomendable usar una buena crema protectora.	Bei diesem Klima empfiehlt es sich, eine gute Schutzcreme zu benutzen.
Me gusta mucho como huele la loción para después del afeitado que compré.	Ich mag den Duft der Aftershave-Lotion sehr gern, die ich gekauft habe.
Por si quieres ducharte, aquí te dejo las toallas.	Falls du duschen willst, lege ich dir die Handtücher hierhin.

6.3 La hora de la comida	6.3 Mittagessen
Todavía no sé qué voy hacer hoy de comida. Todos los días el mismo problema.	Ich weiß noch nicht, was ich heute Mittag koche. Jeden Tag das gleiche Problem.
Quiero preparar algo rápido, pero que esté bueno.	Ich möchte etwas machen, das schnell geht, aber es muss auch gut sein.
No tengo nada en la nevera, tendré que salir a comprar algo al supermercado de la esquina.	Ich habe nichts im Kühlschrank. Ich muss hinaus und etwas im Supermarkt kaufen.
Me gusta cocinar, pero con tiempo. Los fines de semana siempre preparo alguna receta especial.	Ich koche gern, aber ich brauche Zeit dazu. Am Wochenende koche ich immer etwas Besonderes.
Hoy me parece que voy a comprar la comida ya hecha, porque no tengo mucho tiempo de pararme a hacer guisos.	Ich glaube, ich werde heute ein Fertiggericht kaufen, denn ich habe nicht viel Zeit, mich mit Kochen aufzuhalten.
Para asar esto tienes que precalentar el horno unos diez minutos y luego ponerlo a doscientos grados y dejarlo como media hora. Si lo gratinas luego un poco queda más tostado por arriba y está más bueno.	Um dieses zuzubereiten, musst du das Backrohr etwa zehn Minuten vorheizen und es dann bei 200 Grad etwa eine halbe Stunde garen. Wenn du es dann ein bisschen überbäckst, wird es oben schön gebräunt und schmeckt besser.
Procura cortar las verduras en trozos pequeños.	Sieh zu, dass du das Gemüse in kleine Stücke schneidest.
¿Me puedes ayudar a pelar las patatas?	Kannst du mir helfen, die Kartoffeln zu schälen?
Mientras yo corto las patatas y la cebolla para hacer la tortilla, vete tú batiendo los huevos. Así ganamos tiempo.	Während ich die Kartoffeln und die Zwiebeln für die Tortilla schneide, schlag du schon die Eier. So gewinnen wir Zeit.
Baja el fuego, que se va a quemar lo que hay en la sartén.	Stell die Flamme kleiner, sonst verbrennt das, was in der Pfanne ist.
Remueve un poco la cacerola con esa cuchara de palo para que no se pegue la comida.	Rühr den Topf mit diesem Holzlöffel um, damit das Essen nicht anbrennt.
¿Podrías ir ya poniendo la mesa mientras yo termino de preparar la comida? El mantel y las servilletas están en el cajón de arriba del aparador.	Könntest du schon den Tisch decken, während ich das Essen fertig mache? Die Tischdecke und die Servietten sind in der oberen Schublade der Anrichte.

La vajilla fina está en la parte derecha del aparador, pero la de diario la tengo en el armario de la cocina.

Das gute Geschirr ist im rechten Teil der Anrichte, aber das tägliche Geschirr habe ich im Küchenschrank.

Los vasos y las copas están en la parte de arriba a la izquierda.

Die Becher und die Gläser sind links oben.

Hoy vamos a estrenar la nueva cubertería.

Heute werden wir das neue Besteck einweihen.

Aquí está el salero y las vinagreras.

Hier ist der Salzstreuer und Essig und Öl.

¿Puedes llevar la panera a la mesa?

Kannst du den Brotkorb auf den Tisch stellen?

¡Buen provecho!

Guten Appetit!

Por favor, ¿me pasas la sal?

Reichst du mir bitte das Salz?

¿Te sirvo más vino?

Soll ich dir noch Wein einschenken?

¡Esto está riquísimo! ¡Se nota que eres una excelente cocinera!

Das schmeckt ganz toll! Man merkt, dass du eine ausgezeichnete Köchin bist!

6.4 La limpieza

6.4 Reinigung

Me da una pereza terrible tener que lavar los platos.

Ich habe überhaupt keine Lust, die Teller abzuwaschen.

El fregadero está lleno a rebosar de cacharros, ¡a ver ahora quien es el guapo que los lava!

Die Spüle ist zum Überlaufen voll mit Geschirr, mal sehen, wer nun so nett sein wird, es abzuwaschen.

Lo que tienes que hacer es comprar un lavavajillas, te ahorras tiempo y trabajo.

Was du tun musst ist, eine Geschirrspülmaschine zu kaufen, so sparst du Zeit und Arbeit.

Tengo que pasar la aspiradora por la alfombra del salón, porque se me ha derramado el azúcar.

Ich muss den Teppich im Wohnzimmer saugen, denn ich habe den Zucker verschüttet.

Mañana por la mañana aspiraré el resto de la casa, no lo puedo hacer hoy porque se me han acabado las bolsas de la aspiradora y tengo que comprar más esta tarde.

Morgen früh sauge ich den Rest der Wohnung, heute kann ich es nicht, denn mir sind die Staubsaugertüten ausgegangen und ich muss heute Nachmittag neue kaufen.

Todavía queda por fregar el suelo, voy a ir a por el cubo y la fregona.

Der Boden muss noch gewischt werden, ich hole den Eimer und den Wischmopp.

Los cristales de las ventanas del cuarto de estar están hechos un asco. Mientras yo voy a barrer la terraza podías tú darles con el limpiacristales. Ahí está la bayeta.

Die Scheiben der Wohnzimmerfenster sind sehr schmutzig. Während ich die Terrasse kehre, könntest du sie mit dem Glasreiniger behandeln. Dort ist das Tuch.

Pasa el plumero por este mueble, pero con mucho cuidado no vayas a tirar alguna figurita.

Geh mit dem Staubwedel über dieses Möbelstück, aber ganz vorsichtig, damit du keine Figur hinunterwirfst.

Tengo que poner tres lavadoras para lavar la ropa de toda la semana.

Ich muss noch drei Maschinen voll aufsetzen, um die Wäsche der ganzen Woche zu waschen.

Me queda poco detergente, voy a comprar de este que anuncian en la televisión que dicen que lava más blanco.

Ich habe nur noch wenig Waschpulver, ich werde das kaufen, von dem sie im Fernsehen sagen, dass es weißer wäscht.

No olvides echarle el suavizante a la ropa, porque si no luego está muy áspera.

Vergiss nicht, den Weichspüler zur Wäsche zu geben, sonst ist sie danach so hart.

En el invierno utilizo más la secadora, pero cuando hace buen tiempo prefiero tender la ropa a secar al sol.

Im Winter benutze ich den Trockner mehr, aber wenn das Wetter schön ist, hänge ich die Wäsche lieber in die Sonne zum Trocknen.

7. Vida diaria fuera de casa: compras y diligencias

7. Tägliches Leben außer Haus: Einkauf und sonstige Besorgungen

7.1 Comercios

7.1 Geschäfte

7.1.1 Alimentación

7.1.1 Lebensmittel

¿Vas a la compra todos los días?

Gehst du täglich einkaufen?

No, compro los sábados para toda la semana.

Nein, ich kaufe samstags für die ganze Woche ein.

Lo malo de hacer la compra los sábados es que todo está lleno de gente.

Der Nachteil bei den Samstagseinkäufen ist, dass alles voller Leute ist.

Sí, pero durante la semana, después del trabajo ya no me queda tiempo ni ganas, por eso voy siempre el sábado.

Ja, aber während der Woche nach der Arbeit habe ich weder Zeit noch Lust, deshalb gehe ich immer am Samstag.

Compro bastante cantidad de comida y mucha l congelo, así no tengo que ir tan a menudo a la compra.

Ich kaufe ziemlich viele Lebensmittel und friere viel ein, so muss ich nicht so oft zum Einkaufen gehen.

Suelo comprar en el supermercado de la esquina, los precios no son muy altos y por lo general tienen buenas ofertas todas las semanas.

Normalerweise kaufe ich im Supermarkt um die Ecke, die Preise sind nicht sehr hoch und gewöhnlich haben sie jede Woche gute Angebote.

Para comprar en grandes cantidades, por ejemplo las bebidas, la leche, etc., voy de vez en cuando al hipermercado, que sale bastante más barato.

Um große Mengen einzukaufen, z. B. die Getränke, Milch etc., fahre ich manchmal zum Großmarkt, das kommt wesentlich billiger.

Frente a mi casa hay una panadería, todas las mañanas compro allí el pan caliente para el desayuno y unos bollos, que también los hacen muy ricos.

Gegenüber von meiner Wohnung ist eine Bäckerei, jeden Morgen kaufe ich dort noch warmes Brot zum Frühstück und einige Milchbrötchen, die sie auch sehr gut machen.

En esa frutería todo es carísimo y la calidad no te creas que es tan buena, ayer me metieron dos manzanas picadas.

In diesem Obstgeschäft ist alles sehr teuer, und glaub nur nicht, dass die Qualität so gut ist, gestern haben sie mir zwei angefressene Äpfel gegeben.

Esta pescadería es muy buena, el pescado es muy fresco y siempre tienen mucha variedad. Además suelen tener unos mariscos buenísimos, eso sí, algo caros.

Dieses Fischgeschäft ist sehr gut, der Fisch ist ganz frisch und sie haben immer eine große Auswahl. Außerdem haben sie normalerweise ausgezeichnete Meeresfrüchte, natürlich sind die etwas teuer.

¿Has estado en la nueva carnicería que han abierto en la calle de al lado? Tienen una carne de cordero de primera.

Warst du schon in der neuen Metzgerei, die sie in der nächsten Straße eröffnet haben? Sie haben dort Lammfleisch erster Klasse.

En la charcutería del señor García tienen el mejor chorizo que yo he probado. Las salchichas las hacen ellos y también son buenísimas. Además, tienen también un queso manchego como he probado pocos.

Im Wurstgeschäft von Herrn García gibt es die beste Paprikawurst, die ich je gegessen habe. Die Würste machen sie selbst und die sind auch ausgezeichnet. Außerdem haben sie auch Käse aus der Mancha, wie ich ihn selten gegessen habe.

7.1.2 Vestido

7.1.2 Kleidung

¡Hay que ver! ¡qué mujer más elegante, con qué gusto viste siempre!

Sieh mal an, was für eine elegante Frau, wie geschmackvoll sie sich immer anzieht.

¡Madre mía! Tu prima se gasta un dineral en ropa, ¡siempre va a la última moda y compra en unas boutiques carísimas!

Du lieber Himmel! Deine Cousine gibt eine Menge Geld für Kleidung aus, sie ist immer nach der neuesten Mode gekleidet und kauft in superteuren Boutiquen!

La ropa se llevará esta temporada bastante holgada y los colores pastel estarán de moda.

In dieser Saison trägt man die Kleidung ziemlich leger und die Pastellfarben sind in Mode.

Dicen que para este verano vuelve la minifalda. Ma parece muy buena idea.

Man sagt, diesen Sommer kommt der Minirock wieder. Ich halte das für eine gute Idee.

En la nueva boutique he visto unos vestidos preciosos.

In der neuen Boutique habe ich einige wunderhübsche Kleider gesehen.

Yo la ropa al compro siempre en unos grandes almacenes. Tienen mucha oferta y los precios no son excesivamente caros.

Ich kaufe meine Kleidung immer in einem Kaufhaus. Dort gibt es immer ein reichhaltiges Angebot und die Preise sind nicht übermäßig hoch.

¡Hay que ver que bien te sientan esos pantalones! Te hacen una figura monísima.

Sieh mal an, wie gut dir diese Hose steht. Sie macht eine prima Figur.

No me gusta como me queda este traje. Me hace unas arrugas muy feas en la espalda.	Dieser Anzug gefällt mir nicht an mir. Er wirft am Rücken hässliche Falten.
Acabamos de recibir la nueva colección de primavera.	Wir haben gerade die neue Frühjahrskollektion bekommen.
Le voy a enseñar unos vestidos que acabamos de recibir.	Ich zeige Ihnen einige Kleider, die wir soeben bekommen haben.
Este color de vestido te queda muy bien.	Die Farbe dieses Kleides steht dir sehr gut.
¡Qué bonitas son esas medias de seda que te has comprado!	Wie hübsch sind diese Seidenstrümpfe, die du dir gekauft hast.
Ahora hay unas cosas de lencería monísimas.	Es gibt jetzt wunderhübsche Wäsche.
A mí me gusta la lencería con muchos encajes.	Ich mag Wäsche mit viel Spitze.
Por favor, quisiera probarme un abrigo como el que tienen ustedes en el escaparte.	Ich würde gerne einen Mantel probieren, wie Sie ihn im Schaufenster haben.
Esta blusa me queda demasiado ajustada, ¿no tendrán ustedes una talla mayor en este mismo color?	Diese Bluse ist mir ziemlich eng, haben Sie nicht eine Nummer größer in der gleichen Farbe?
Señorita, por favor, ¿me podría enseñar algunas corbatas que vayan bien con esta camisa que acabo de comprar?	Fräulein, könnten Sie mir bitte einige Krawatten zeigen, die gut zu dem Hemd passen, das ich eben gekauft habe?
Quisiera un traje de lana, de color azul marino o gris oscuro.	Ich hätte gerne einen Anzug aus Wollstoff, dunkelblau oder dunkelgrau.
Este pantalón es de pura lana virgen.	Diese Hose ist aus reiner Schurwolle.
Este abrigo no acaba de convencerme, lo veo demasiado largo.	Dieser Mantel hat mich nicht überzeugt, ich finde ihn zu lang.
Estos pantalones me gustan, pero me quedan largos. ¿Les podrían ustedes cogerlos bajos?	Diese Hose gefällt mir, aber sie ist mir zu lang. Könnten Sie sie kürzen?
Por supuesto, aquí se los cogemos sin cobrarle nada. Un momento, que enseguida viene el sastre.	Selbstverständlich, hier kürzen wir sie Ihnen, ohne etwas dafür zu verlangen. Einen Moment, der Schneider kommt sofort.
El jersey es una mezcla de lana y fibra sintética.	Der Pullover ist eine Mischung aus Wolle und synthetischer Faser.

Esta chaqueta tienes que lavarla en seco. Lo mejor es que la lleves a la tintorería.

Diese Jacke musst du reinigen lassen. Das Beste ist, wenn du sie zur Reinigung bringst.

Estoy buscando una camisa de vestir que me vaya bien con el traje nuevo. La quiero que sea de algodón sin mezcla.

Ich suche ein elegantes Hemd, das gut zum neuen Anzug passt. Ich möchte es aus reiner Baumwolle.

Ya he encontrado unos vaqueros que me quedan muy bien, ahora necesito una camisa de sport.

Ich habe eine Jeans gefunden, die mir sehr gut passt, jetzt brauche ich ein Sporthemd.

No soporto la ropa de fibra. Casi todas las prendas que tengo son de algodón, que es lo más cómodo.

Ich kann keine Hemden aus Kunstfaser tragen. Fast alle meine Kleidungsstücke sind aus Baumwolle, was am bequemsten ist.

Oiga, ¿cree que este jersey dará de sí al ponérselo?

Hören Sie, glauben Sie, dass dieser Pullover beim Tragen weiter wird?

Aunque ahora lo vea un poco grande, luego le quedará bien, porque siempre encoge un poco al lavarlo.

Auch wenn es Ihnen jetzt etwas groß vorkommt, nachher passt es Ihnen genau, denn es geht beim Waschen immer etwas ein.

¿Dónde me puedo probar estos pantalones?

Wo kann ich diese Hose probieren?

Los probadores están al fondo a la derecha.

Die Kabinen für die Anprobe sind ganz hinten rechts.

7.1.3 Calzado

7.1.3 Schuhe

¡Los zapatos me vuelven loca, son mi debilidad!

Nach Schuhen bin ich verrückt, sie sind meine Schwäche.

Los diseños de este verano son muy bonitos, se llevan los zapatos planos o con muy poco tacón.

Die Designs dieses Sommers sind sehr hübsch, man trägt flache Schuhe oder mit ganz wenig Absatz.

Me quiero comprar unos zapatos a juego con el bolso que me has regalado.

Ich möchte mir Schuhe kaufen, die zu der Handtasche passen, die du mir geschenkt hast.

Tengo que comprarme otro par de zapatos, los que tengo están todos bastante gastados.

Ich muss mir noch ein Paar Schuhe kaufen, die, die ich habe, sind alle ziemlich abgetragen.

Yo al comprarme unos zapatos lo que busco es que sean cómodos, no me fijo tanto en el diseño.	Wenn ich mir Schuhe kaufe, suche ich welche, die bequem sind, ich sehe nicht so sehr auf das Design.
Esas sandalias serán muy cómodas, pero son horribles, ¡hacen daño a la vista de feas que son!	Diese Sandalen sind bestimmt sehr bequem, aber scheußlich, es tut fast weh, so hässlich sind sie.
Estos zapatos son de piel, como yo quiero, pero la suela es de goma y yo los busco con la suela de cuero.	Diese Schuhe sind aus Leder, so, wie ich es will, aber die Sohle ist aus Gummi, und ich suche welche mit Ledersohle.
Estas botas son muy bonitas pero me aprietan un poco. ¿No tendrán un número más grande?	Diese Stiefel sind sehr schön, aber sie drücken ein wenig. Haben Sie nicht eine Nummer größer?
¿Qué número calza Vd.?	Welche Schuhgröße haben Sie?
Normalmente gesto el número cuarenta, a veces el treinta y nueve.	Normalerweise trage ich Größe 40, manchmal 39.
Estoy buscando unas sandalias para los niños, pero que sean bien duras, porque si no las destrozan rápido.	Ich suche Sandalen für die Kinder, aber sie sollen was aushalten, denn wenn nicht, machen sie sie schnell kaputt.
Me quiero comprar unos zapatos de charol para ir a la fiesta el domingo.	Ich möchte mir Lackschuhe für das Fest am Sonntag kaufen.
¿Cómo te quedan los zapatos, te sientes cómodo?	Wie passen dir die Schuhe, sind sie bequem?
Los zapatos son comodísimos, pero el color no acaba de convencerme. ¿No los tendrían en marrón?	Die Schuhe sind herrlich bequem, aber die Farbe kann mich nicht überzeugen. Hätten Sie sie nicht in braun?
De este modelo sólo los tenemos en negro.	Dieses Modell haben wir nur in Schwarz.
¿Recibirán más adelante en otros colores?	Bekommen Sie sie noch in anderen Farben?
No, ya no porque la temporada está avanzada, ahora ya empiezan a llegarnos los modelos del próximo invierno.	Nein, jetzt nicht mehr, denn die Saison ist sehr fortgeschritten, und es kommen schon die Modelle für den nächsten Winter.

7.1.4 Librería	*7.1.4 Buchhandlung*
¿Conoces alguna librería donde hagan descuento?	Kennst du eine Buchhandlung, die Rabatt gibt?
En la librería de la universidad puedes conseguir los libros algo más baratos que en las de la calle.	In der Buchhandlung der Universität kannst du Bücher etwas billiger bekommen als in den gängigen.
Me gusta ir a las librerías aunque no tenga intención de comprar algo concreto, sólo por hojear los nuevos libros, a ver si doy con algo que me interese.	Ich gehe gern in Buchhandlungen, auch wenn ich nicht die Absicht habe, etwas Konkretes zu kaufen, nur um die neuen Bücher durchzublättern, um zu sehen, ob ich auf etwas stoße, das mich interessieren könnte.
Antes de comprar el libro le hecho un vistazo, no sea que traiga algún fallo de imprenta.	Bevor ich ein Buch kaufe, werfe ich einen Blick hinein, damit es nicht etwa einen Druckfehler hat.
¡Es enorme esta nueva librería, qué cantidad de estantes!	Diese neue Buchhandlung ist riesig, was für eine Menge Regale sie haben!
Oiga por favor, quisiera la última novela de García Márquez, la que ha ganado el premio …	Hören Sie bitte, ich hätte gerne den letzten Roman von García Márquez, der den Preis gewonnen hat …
Lo siento mucho, pero el libro está agotado. La nueva edición está a punto de salir y seguramente la semana que viene recibiremos el libro.	Es tut mir leid, aber das Buch ist nicht mehr auf Lager. Die neue Ausgabe kommt jeden Moment heraus und nächste Woche bekommen wir das Buch sicher.
Entonces me llevo este otro. Lo tienen también en pastas duras.	Dann nehme ich dieses andere. Das haben Sie auch als Hardcover.
Todos los títulos de esta colección vienen en rústica, porque es una edición de bolsillo. Pero si lo quiere con una encuadernación mejor, está publicado por otra editorial en piel.	Alle Titel dieser Kollektion sind broschiert, denn es ist eine Taschenbuchausgabe. Aber wenn Sie es mit einem besseren Einband möchten, es ist von einem anderen Verlag in Leder herausgekommen.
El libro está agotado, pero si quiere se lo podemos pedir y lo tiene aquí pasado mañana.	Das Buch ist ausverkauft, aber wenn Sie wollen, können wir es bestellen und Sie haben es übermorgen.

¿Sabe en qué editorial está publicado el libro?	Wissen Sie, in welchem Verlag das Buch herausgekommen ist?
No recuerdo la editorial, pero sé que se ha publicado hace un mes escaso.	Ich erinnere mich nicht an den Verlag, aber ich weiß, dass es vor kaum einem Monat herausgekommen ist.
Este libro no es realmente una nueva edición, sino una reimpresión.	Dieses Buch ist keine neue Ausgabe, sondern eine Neuauflage.
Este libro se ha vendido muchísimo en las últimas semanas.	Dieses Buch wurde in den letzten Wochen sehr viel verkauft.
¿Sabes de alguna librería especializada en libros y guías de viaje?	Kennst du eine Buchhandlung, die auf Reisebücher und Reiseführer spezialisiert ist?

7.1.5 Papelería / *7.1.5 Schreibwaren*

Deme, por favor, un rotulador negro, tres bolígrafos azules y tres lápices, y un paquete de folios.	Geben Sie mir bitte einen schwarzen Filzstift, drei blaue Kugelschreiber und drei Bleistifte und ein Paket Papier.
¿Cómo quiere los folios?	Was für Papier wollen Sie?
Blancos sin cuadricular, en un paquete de cien.	Glatt weiß, ein Paket zu 100 Stück.
¿Algo más?	Sonst noch etwas?
Sí, un rollo de celo, un tubo de pegamento y una cajita de grapas.	Ja, eine Rolle Tesafilm, eine Tube Klebstoff und eine Schachtel Heftklammern.

7.1.6 Estanco / *7.1.6 Tabak- und Briefmarkenladen*

Tengo que pasar pol el estanco de la esquina para comprar sellos y un paquete de tabaco.	Ich muss noch beim Briefmarkenladen an der Ecke vorbei, um Briefmarken und eine Schachtel Zigaretten zu kaufen.
Mejor déjalo, si te compras un paquete de tabaco luego fumas mucho.	Lass es lieber, wenn du dir eine Schachtel Zigaretten kaufst, rauchst du nur sehr viel.
Bueno, los sellos los tengo que comprar de todas formas, por el camino me pensaré si compro el tabaco.	Gut, die Briefmarken muss ich sowieso kaufen, unterwegs überlege ich es mir, ob ich Zigaretten kaufe.

7.1.7 Floristería

7.1.7 Blumengeschäft

Esta tarde tenemos que visitar a la tía Carmela, creo que le deberíamos llevar un ramo de flores.

Heute Nachmittag müssen wir Tante Carmela besuchen, ich glaube, wir sollten ihr einen Strauß Blumen mitbringen.

Muy cerca de su casa hay una floristería, allí le podemos comprar las flores, o quizá en lugar de flores podemos comprar una planta.

Ganz bei ihr in der Nähe ist ein Blumengeschäft, dort können wir ihr die Blumen kaufen, oder vielleicht könnten wir statt Blumen eine Pflanze kaufen.

También es buena idea, porque a ella le gustan muchísimo, tiene la casa llena de macetas.

Das ist auch eine gute Idee, denn die hat sie sehr gern, sie hat die ganze Wohnung voller Blumentöpfe.

¿Tú sabes qué flores son éstas? Yo no las había visto nunca.

Weißt du, was das für Blumen sind? Ich habe sie noch nie gesehen.

No se cómo se llaman, pero yo sí las conozco. Huelen muy bien.

Ich weiß nicht, wie sie heißen, aber ich kenne sie schon. Sie riechen sehr gut.

¡Huy, es verdad! que aroma más bueno tienen. Y ese color entre rosa y lila es muy bonito. Vamos a comprar un ramo.

Oh, das stimmt! Was für einen tollen Duft sie haben. Und diese Farbe zwischen Rosa und Lila ist sehr hübsch. Kaufen wir einen Strauß.

Por favor, háganos un ramo de estas flores. Póngale también algunas de estas otras blancas y algo de verde.

Bitte einen Strauß von diesen Blumen. Geben Sie auch ein paar von diesen weißen dazu und etwas Grün.

Quisiera enviar un ramo de rosas a esta dirección.

Ich möchte einen Strauß Rosen an diese Adresse schicken.

Quisiera un ramo de flores para una señora mayor. ¿Qué tipo de flores me recomienda Vd.?

Ich hätte gern einen Blumenstrauß für eine ältere Dame. Welche Blumen empfehlen Sie mir?

7.1.8 Peluquería

7.1.8 Friseur

¡Vaya grañas que tienes! ¡Estás neccesitando un buen pelado!

Mein Gott, hast du eine Mähne! Du brauchst einen guten Schnitt!

¡Es verdad, vaya pelos de loco que tengo! Ahora mismo voy a llamar a pedir hora a la peluquería, a ver si me pueden cortar el pelo esta misma tarde.	Das ist wahr, was habe ich für eine verrückte Frisur! Ich werde sofort beim Friseur anrufen und um einen Termin bitten, mal sehen, ob sie mir noch heute Nachmittag die Haare schneiden können.
Por favor, quisiera hora para esta tarde.	Ich hätte gerne einen Termin für heute Nachmittag.
¿Le viene bien a eso de las tres?	Passt es Ihnen so gegen drei Uhr?
Es muy buena hora.	Das ist eine sehr gute Zeit.
Lavar y cortar por favor.	Waschen und schneiden bitte.
¿Cómo quiere Vd. el corte?	Was für einen Schnitt hätten Sie gern?
Bastante corto de atrás y de los lados. De arriba un poquito más largo, pero también corto. Más o menos como en esa foto.	Hinten und an den Seiten ziemlich kurz. Oben etwas länger, aber auch kurz. In etwa so wie auf diesem Foto.
No me haga nada demasiado moderno. Prefiero un corte más bien clásico.	Machen Sie mir keine zu moderne Frisur. Ich hätte lieber einen eher klassischen Schnitt.
Usted tiene un pelo muy fuerte.	Sie haben sehr festes Haar.
Tengo el pelo muy graso. ¿Me puede recomendar algún buen champú?	Ich habe sehr fettiges Haar. Können Sie mir ein gutes Shampoo empfehlen?
Tengo el pelo muy estropeado, se me abren mucho las puntas.	Mein Haar ist ziemlich kaputt, die Spitzen spalten sich sehr.
Por favor, la raya hágamela en el centro.	Bitte einen Mittelscheitel.
Para este verano me pienso hacer la permanente, porque tengo el pelo muy lacio y a mí me gusta rizado.	Diesen Sommer möchte ich mir eine Dauerwelle machen lassen, denn ich habe sehr glattes Haar und mir gefallen Locken.
En esa peluquería me dejaron la última vez hecho un adefesio. Tengo que cortarme el pelo pero no quiero volver por allí. ¿Conoces algún peluquero que me puedas recomendar?	In diesem Friseurgeschäft haben sie mir das letzte Mal eine lächerliche Frisur verpasst. Ich muss mir die Haare schneiden lassen, aber ich möchte nicht wieder dorthin gehen. Kennst du einen Friseur, den du mir empfehlen könntest?

7.1.9 Electrodomésticos	*7.1.9 Elektrogeschäft*
Se nos ha estropeado el frigorífico y ahora tenemos que comprar uno nuevo.	Unser Kühlschrank ist kaputt gegangen und jetzt müssen wir einen neuen kaufen.
Yo he comprado hace poco una cocina en una tienda de electrodomésticos que tiene muy buenos precios. Te puedo dar la dirección.	Ich habe vor kurzem einen Herd in einem Elektrogeschäft gekauft, das sehr günstige Preise hat. Ich kann dir die Adresse geben.
¿Cuánto tiempo de garantía tiene este microondas?	Wie lange Garantie hat dieser Mikrowellenherd?
Tiene un año de garantía.	Er hat ein Jahr Garantie.
Esta marca fabrica muy buenos aparatos.	Diese Marke hat sehr gute Geräte.
Todo lo que tengo en casa es de esta marca y hasta ahora me ha dado un resultado excelente.	Alles, was ich zu Hause habe, ist von dieser Marke, und bis jetzt habe ich sehr gute Erfahrungen damit gemacht.
Quiero comprar un lavavajillas, el problema es que todavía no he decidido dónde instalarlo.	Ich möchte eine Geschirrspülmaschine kaufen, das Problem ist nur, dass ich mich noch nicht entschieden habe, wo ich sie einbauen will.
El tostador se me ha estropeado, creo que ha fallado la resistencia. Voy a llevarlo adonde lo compré, porque todavía sirve la garantía.	Der Toaster ist kaputt gegangen, ich glaube, der Widerstand hat versagt. Ich bringe ihn dahin, wo ich ihn gekauft habe, denn es ist noch Garantie darauf.
Este equipo de música tiene muchísimos vatios de potencia. Demasiados para ponerlo en mi cuarto.	Diese Musikanlage hat sehr viele Watt. Zu viele, um sie in meinem Zimmer anzustellen.
Necesito una alargadera para poder enchufar la televisión en la toma del cuarto de estar.	Ich brauche eine Verlängerungsschnur, um den Fernseher in der Steckdose des Wohnzimmers anzustecken.
Deme un cable de cinco metros para la antena de la televisión y una bombilla de 75 vatios.	Geben Sie mir fünf Meter Kabel für die Fernsehantenne und eine Glühbirne mit 75 Watt.
No te olvides de comprar dos tubos fluorescentes para el cuarto de baño.	Vergiss nicht zwei Leuchtstoffröhren für das Badezimmer zu kaufen.

7.1.10 Grandes almacenes y centros comerciales

7.1.10 Kaufhäuser und Einkaufszentren

Estos grandes almacenes son enormes. Voy a preguntar dónde puedo conseguir lo que busco porque si no, nos vamos a pasar todo el día dando vueltas.

Dieses Kaufhaus ist riesig. Ich werde fragen, wo ich bekomme, was ich suche, denn wenn ich das nicht tue, irren wir den ganzen Tag hier herum.

Lo malo de estos almacenes donde hay tantas cosas es que vienes a comprar una y al final sales con siete.

Das Schlimme an diesen Kaufhäusern, wo es so viele Dinge gibt, ist, dass man eine Sache kaufen will und schließlich mit sieben hinausgeht.

Oiga por favor, ¿me puede decir dónde está la sección de artículos de regalo?

Hören Sie bitte, können Sie mir sagen, wo die Geschenkartikelabteilung ist?

La sección de caballeros está en la planta baja y la de juvenil en la tercera planta.

Die Herrenabteilung ist im Erdgeschoss und die Jugendabteilung im dritten Stock.

En la sección de oportunidades a veces se encuentran cosas interesantes.

In der Abteilung mit den Sonderangeboten findet man oft Interessantes.

Mañana empiezan las rebajas, ¡esto va a ser una locura!

Morgen fängt der Schlussverkauf an, das wird ein Irrsinn!

A veces se encuentran cosas que realmente merecen la pena y que te cuestan menos de la mitad de lo que sería su precio normal.

Manchmal findet man Dinge, die sich wirklich lohnen und die weniger als die Hälfte ihres normalen Preises kosten.

Deberías guardar el ticket de compra, porque si luego quieres descambiar cualquier cosa te lo van a pedir.

Du musst den Kassenzettel aufbewahren, denn wenn du etwas umtauschen willst, verlangt man ihn.

En estos almacenes, si no estás conforme con la compra te devuelven el dinero, según dice en la propaganda.

In diesem Kaufhaus bekommst du das Geld zurück, wenn du mit der Ware nicht zufrieden bist, wie es in der Anzeige heißt.

Lo bueno de estos almacenes es que tienen horario continuo y puedes comprar de todo a cualquier hora del día, incluso los sábados están abiertos hasta bastante tarde.

Das Gute an diesen Kaufhäusern ist, dass sie durchgehend geöffnet haben und man alles zu jeder Tageszeit kaufen kann, und sogar am Samstag haben sie ziemlich lange offen.

¡Qué barbaridad! Este centro comercial es enorme, parece una ciudad cubierta.

Das ist ja toll! Dieses Einkaufszentrum ist ja riesig, es sieht aus wie eine überdachte Stadt.

En este centro comercial hay muchísimas tiendas de todo, un montón de bares y restaurantes y varios cines. Se necesitarían días para poderlo ver todo.

In diesem Einkaufszentrum gibt es unheimlich viele Geschäfte, eine Menge Bars und Restaurants und einige Kinos. Man bräuchte Tage, um alles sehen zu können.

7.2 Bancos y Cajas de Ahorros

7.2 Banken und Sparkassen

Tengo una cuenta corriente en la caja de ahorros. Tiene muy buen servicio y hay sucursales y cajeros automáticos en toda la ciudad.

Ich habe ein Girokonto bei der Sparkasse. Sie hat einen guten Service und es gibt Zweigstellen und Geldautomaten in der ganzen Stadt.

¿El sábado está abierto el banco?

Ist die Bank am Samstag geöffnet?

No, hacer ingresos no puedes, pero si tienes tarjeta puedes sacar dinero de un cajero automático a cualquier hora.

Nein, einzahlen kannst du nicht, aber wenn du eine Scheckkarte hast, kannst du am Geldautomaten zu jeder Stunde Geld abheben.

Quiero abrir a mi hijo una cartilla de ahorro en la caja.

Ich möchte für meinen Sohn bei der Sparkasse ein Sparbuch anlegen.

Yo tengo mis ahorros en el banco a plazo fijo, así me rinden más intereses.

Ich habe meine Ersparnisse bei der Bank mit fester Kündigungsfrist, so bekomme ich mehr Zinsen.

Todos los meses, ingreso el dinero que me sobra en mi cartilla.

Jeden Monat bringe ich das Geld, das mir übrig bleibt, auf mein Sparbuch.

La cuenta está a nombre mío y de mi esposa.

Das Konto ist auf meinen Namen und den meiner Frau.

Por favor, quisiera abrir en este banco una cuenta corriente.

Ich möchte bitte bei dieser Bank ein Girokonto eröffnen.

Aquí tiene Vd. un nuevo talonario de cheques.

Hier haben Sie ein neues Scheckbuch.

Firme aquí, por favor.

Unterschreiben Sie hier, bitte.

¿Cuál es el número de su cuenta?

Wie ist Ihre Kontonummer?

Quisiera hacer una transferencia de mi cuenta corriente a esta otra.

Ich möchte eine Überweisung machen von meinem Konto auf dieses.

Por favor, quisiera hacer una transferencial al extranjero.

Ich möchte bitte eine Auslandsüberweisung machen.

¿Me puede decir el estado de mi cuenta?
Können Sie mir meinen Kontostand sagen?

Creo que lo mejor es domiciliar en el banco el cobro del recibo de la luz.
Ich glaube, das Beste ist, der Bank einen Dauerauftrag für die Stromrechnung zu erteilen.

Aquí tiene el recibo de su ingreso.
Hier haben Sie den Beleg für Ihre Einzahlung.

Quiero sacar 600 euros de mi cuenta. Démelo todo en billetes de veinte euros, por favor.
Ich möchte von meinem Konto sechshundert Euro abheben. Geben Sie mir bitte alles in Banknoten zu zwanzig Euro.

7.3 Correo

7.3 Post

Tengo que echar esta carta hoy mismo, ¿sabes si hay una estafeta de correos por aquí cerca?
Ich muss diesen Brief heute noch aufgeben. Weißt du, ob hier in der Nähe ein Postamt ist?

Hay una estafeta de correos en este barrio, pero no está cerca de aquí. ¿Por qué no echas la carta en un buzón? Hay uno en la calle de al lado, junto a la parada del autobús.
In diesem Viertel gibt es ein Postamt, aber es ist nicht in der Nähe. Warum wirfst du den Brief nicht in den Briefkasten? In der nächsten Straße ist einer neben der Autobushaltestelle.

Necesito comprar sellos, no tengo.
Ich muss Briefmarken kaufen, ich habe keine.

También los puedes comprar en el estanco, que está aquí cerca, y luego echar la carta en el buzón.
Die kannst du auch im Briefmarkenladen kaufen, der hier in der Nähe ist, und dann wirfst du den Brief in den Kasten.

Quiero ir a correos porque no sé exactamente cuánto es el franqueo.
Ich möchte zur Post gehen, weil ich nicht genau weiß, wie teuer das Porto ist.

Entonces te puedo explicar cómo llegar a la oficina de correos, tampoco está demasiado lejos, o si quieres te acompaño, podemos ir dando un paseo.
Dann kann ich dir erklären, wie man zum Postamt kommt, es ist auch nicht sehr weit, oder wenn du willst, begleite ich dich und wir können einen Spaziergang machen.

Vamos a ponernos en aquella ventanilla, que hay menos gente.
Gehen wir zu jenem Schalter, dort sind weniger Leute.

Por favor, deme sellos para esta carta.
Bitte geben Sie mir Briefmarken für diesen Brief.

¿Cómo quiere mandar la carta, por correo normal?
Wie möchten Sie den Brief schicken, mit normaler Post?

¿Cuánto tarda en llegar la carta por correo normal, aproximadamente?	Wie lange braucht der Brief in etwa mit normaler Post?
Por correo normal la carta viene a tardar unos tres días.	Mit normaler Post braucht der Brief etwa drei Tage.
Tres días es bastante tiempo, la voy a poner urgente, que llegará antes. Y también certificada.	Drei Tage ist ziemlich lang, ich werde ihn per Eilboten schicken, so kommt er früher an. Und auch per Einschreiben.
Rellene por favor este impreso. Tiene que poner el destinatario y el remite y firmar aquí.	Füllen Sie bitte dieses Formular aus. Sie müssen den Empfänger und den Absender draufschreiben und hier unterschreiben.
Deme también sellos para estas (tarjetas) postales y además diez sellos de veintiséis céntimos.	Geben Sie mir auch Briefmarken für diese Postkarten und außerdem zehn Briefmarken zu 26 Cent.
Quiero poner un giro postal.	Ich möchte eine Postanweisung machen.
Rellene este impreso y vaya a la ventanilla del fondo a la derecha.	Füllen Sie dieses Formular aus und gehen Sie zum Schalter hinten rechts.
Es cómodo tener una cuenta en la caja postal, porque se puede sacar dinero de cualquier oficina y hay muchas por todo el país.	Es ist bequem, ein Konto bei der Postsparkasse zu haben, denn man kann in jedem Postamt Geld abheben und es gibt viele im ganzen Land.
Tengo una cartilla de ahorros en la Caja Postal.	Ich habe ein Sparbuch bei der Postsparkasse.
Los domingos y días festivos no hay reparto de correo.	An Sonntagen und Feiertagen wird keine Post verteilt.
El cartero viene todas las mañanas a eso de las once.	Der Postbote kommt jeden Morgen so gegen elf Uhr.

7.4 Teléfono / 7.4 Telefon

Tengo que hacer una llamada. ¿Sabes si hay por aquí cerca una cabina (de teléfonos)?	Ich muss anrufen. Weißt du, ob hier in der Nähe eine Telefonzelle ist?
Ahí hay una cabina, pero está ocupada. No te preocupes, podemos ir un poco más adelante, que hay un locutorio de telefónos. Allí hay muchos teléfonos y no tendrás que esperar.	Dort ist eine Telefonzelle, aber die ist besetzt. Keine Sorge, wir können etwas weitergehen, dort ist ein öffentliches Telefon. Dort gibt es viele Apparate und du musst nicht warten.

Por favor, quiero hacer una llamada a Alemania.	Ich möchte bitte nach Deutschland anrufen.
Pase a cualquiera de esas cabinas y marque el prefijo 07/49.	Gehen Sie in eine dieser Kabinen und wählen Sie die Vorwahl 07/49.
¿A partir de qué hora son más baratas las llamadas?	Ab wann sind die Gespräche billiger?
A partir de las ocho de la tarde y los fines de semana hay tarifa reducida.	Ab acht Uhr abends und am Wochenende gibt es billigere Tarife.
¿Dónde están las guías?	Wo sind die Telefonbücher?
Allí al fondo tiene Vd. las de todas las provincias y también las páginas amarillas.	Dort hinten sind die von allen Provinzen und auch die Gelben Seiten.
Me puede Vd. decir, por favor, ¿cuál es el prefijo de Madrid?	Können Sie mir bitte sagen, wie die Vorwahl von Madrid ist?
Para Madrid tiene Vd. que marcar el 91.	Nach Madrid müssen Sie 91 wählen.
Tengo que llamar a Juan y no sé su número.	Ich muss Juan anrufen und weiß seine Nummer nicht.
Puedes buscarlo en la guía o llamar a información.	Du kannst sie im Telefonbuch suchen oder die Auskunft anrufen.
¿Tienes un par de monedas sueltas para el teléfono?	Hast du ein paar einzelne Münzen für das Telefon?
No, pero este funciona también con tarjeta. Te puedo prestar la mía.	Nein, aber dieses funktioniert auch mit Karte. Ich kann dir meine leihen.
Está comunicando.	Er spricht gerade.
Quizá esté hablando con alguien. Ya sabes que él habla mucho.	Vielleicht telefoniert er mit jemandem. Du weißt ja, dass er viel redet.
Voy a volver a intentar. Ahora da la señal de llamada.	Ich versuche es noch mal. Jetzt kommt das Zeichen.
¡Diga!	Ja bitte!
Hola Juan, soy Pedro, ¿con quién estabas hablando?	Hallo, Juan, hier ist Pedro, mit wem hast du telefoniert?
Lo siento, se ha equivocado, aquí no vive ningún Juan.	Tut mit leid, Sie haben sich geirrt, hier gibt es keinen Juan.
Perdón, debo de haber marcado mal.	Entschuldigung, ich muss mich verwählt haben.
¡Qué metedura de pata!, pero yo creo que marqué bien.	So eine Blamage! Aber ich glaube, ich habe richtig gewählt.

Como las líneas están muy cargadas quizá se hayan cruzado. Cuelga y después volvemos a intentarlo.	Da die Leitungen sehr überlastet sind, haben sie sich vielleicht überlagert. Leg auf und dann versuchen wir es noch einmal.
¿Te han puesto ya teléfono en casa?	Hast du zu Hause schon Telefon bekommen?
No, hace tres semanas quo lo solicité pero todavía estoy esperando. Pero no te preocupes, que en cuanto me lo pongan te llamaré para darte el número.	Nein, ich habe es vor drei Wochen beantragt, aber ich warte noch. Aber keine Sorge, sobald ich es bekomme, rufe ich dich an, um dir die Nummer zu geben.

7.5 Los precios — 7.5 Preise

¡Hay que ver qué cara se ha puesto la vida últimamente!	Es ist unglaublich, wie teuer das Leben in letzter Zeit geworden ist.
¡Desde luego! Todo ha subido muchísimo. ¡No sé adónde vamos a ir a parar!	Aber wirklich! Alles ist viel teurer geworden. Ich weiß nicht, wohin das noch führen soll!
Por favor, ¿qué precio tiene esta cámara?	Bitte, wie teuer ist diese Kamera?
¿Hacen algún descuento?	Gibt es einen Preisnachlass?
¿Va Vd. a pagar con tarjeta o en efectivo?	Zahlen Sie mit Kreditkarte oder in bar?
Esto tiene muy buen precio, creo que deberíamos comprarlo y no darle más vueltas.	Das hier ist sehr preisgünstig, ich glaube, wir sollten es kaufen und nicht weiter hin und her überlegen.
Esto es una ganga, por ese precio no lo vamos a encontrar en ningún sitio.	Das ist ein Gelegenheitskauf, zu diesem Preis bekommen wir es sonst nirgendwo.
Todos los artículos están realmente muy rebajados.	Alle Artikel sind wirklich sehr herabgesetzt.
Voy a esperar a las próximas rebajas para comprarme el abrigo.	Ich warte bis zum nächsten Schlussverkauf, um mir den Mantel zu kaufen.
Aquí tienen siempre unos precios muy bajos.	Hier haben sie immer ziemlich niedrige Preise.
Me han hecho muy buena rebaja, así que me ha salido muy económico.	Sie haben mir einen schönen Preisnachlass gegeben, so habe ich es sehr günstig bekommen.
Esa tienda es carísima, cualquier cosa te cuesta un ojo de la cara.	Dieses Geschäft ist wahnsinnig teuer, was du auch kaufst, kostet ein Heidengeld.

Por fin he encontrado una cazadora como yo quería, pero me ha costado un riñón.	Endlich habe ich ein Blouson gefunden, wie ich es wollte, aber es hat mich eine Stange Geld gekostet.
Me pedían un dineral por la camisa, así que no la he comprado.	Man hat ein Wahnsinnsgeld für das Hemd verlangt, deshalb habe ich es nicht gekauft.
Va a haber que apretarse el cinturón si los precios no paran de subir.	Man wird den Gürtel enger schnallen müssen, wenn die Preise weiter so steigen.
Los precios están bastante estables últimamente.	In letzter Zeit sind die Preise ziemlich stabil.
Este año se ha contenido el aumento de la inflación.	Dieses Jahr hat sich die Zuwachsrate der Inflation in Grenzen gehalten.
El gobierno ha previsto una inflación del dos por ciento para el próximo año, pero los expertos opinan que son cálculos demasiado optimistas.	Die Regierung hat für das nächste Jahr eine Inflation von zwei Prozent vorgesehen, aber die Experten meinen, das wären zu optimistische Schätzungen.

7.6 Seguros / 7.6 Versicherungen

Además del gasto del coche tienes que contar con el seguro obligatorio, que no es nada barato.	Zusätzlich zu den Kosten für das Auto musst du mit der Pflichtversicherung rechnen, die keineswegs billig ist.
Las primas del seguro han subido mucho últimamente.	Die Versicherungsprämien sind in letzter Zeit sehr gestiegen.
Las compañías de seguros elevan las primas para los conductores que tienen accidentes.	Die Versicherungsgesellschaften setzen die Prämien für die Fahrer herauf, die Unfälle haben.
El seguro de daños a terceros es obligatorio.	Die Haftpflichtversicherung ist obligatorisch.
¿Qué cubre el seguro a terceros?	Was deckt die Haftpflichtversicherung ab?
Cubre los daños que se puedan ocasionar a otros vehículos y a otras personas, pero no los propios daños.	Sie deckt die Schäden, die man anderen Fahrzeugen und anderen Personen zufügt, aber nicht die eigenen Schäden.
La otra parte fue declarada culpable del accidente, así que tengo derecho a cobrar una indemnización por lesiones y todos los gastos que ocasionó el accidente.	Die Gegenpartei wurde für schuldig an dem Unfall erklärt, so habe ich ein Recht auf Schmerzensgeld und Erstattung aller Kosten, die durch den Unfall verursacht wurden.

Antes de llevar el coche al taller para que lo reparen, debe pasar el peritaje.	Bevor man das Auto in die Werkstatt zum Reparieren bringt, muss ein Gutachten angefertigt werden.
El perito evaluó los daños e hizo un presupuesto del importe de los daños causados.	Der Gutachter schätzte den Schaden und fertigte einen Kostenvoranschlag für die verursachten Schäden an.
Para Vd. que viaja mucho por cuestiones de trabajo yo le recomendaría que le hiciese al coche un seguro a todo riesgo.	Da Sie viel dienstlich unterwegs sind, würde ich Ihnen empfehlen, den Wagen Vollkasko zu versichern.
El seguro a todo riesgo es caro, pero cubre absolutamente todo, también los daños menos importantes, como arañazos, pequeños abollones, etc.	Die Vollkaskoversicherung ist teuer, aber sie deckt alles ab, auch kleinere Schäden wie Kratzer, kleine Beulen etc.
Después del accidente el coche quedó completamente destrozado, lo declararon siniestro total.	Nach dem Unfall war das Auto vollkommen kaputt, es wurde Totalschaden festgestellt.
¿Qué tipo de seguro de enfermedad tienes?	Was für eine Krankenversicherung hast du?
Soy beneficiario de la seguridad social, pero también tengo un seguro privado.	Ich bin Leistungsempfänger der Sozialversicherung, aber ich habe auch eine private Versicherung.
Estoy en paro, pero el seguro de desempleo me cubre todavía durante catorce meses.	Ich bin arbeitslos, aber die Arbeitslosenversicherung zahlt noch 14 Monate weiter.
Me voy a hacer un seguro de vida, creo que es una buena inversión.	Ich werde eine Lebensversicherung abschließen, ich glaube, das ist eine gute Investition.
Con un seguro de vida, además de los intereses que reporta, se pueden conseguir desgravaciones fiscales.	Mit einer Lebensversicherung kann man neben den Zinsen, die man bekommt, auch steuerliche Vergünstigungen erreichen.
Aquí tiene Vd. la póliza de su seguro.	Hier haben Sie Ihre Versicherungspolice.

8. Comida y bebida	8. Essen und Trinken
8.1 Comer en España	**8.1 Essen in Spanien**
¿Qué tal se come en España?	Wie isst man in Spanien?
Pues yo creo que se come bastante bien. Hay mucha variedad de comidas y cada región tiene su cocina propia. Hay para todos los gustos.	Nun, ich glaube, dass man ziemlich gut isst. Es gibt ein reichhaltiges Angebot an Speisen und jede Region hat ihre eigene Küche. Es gibt für jeden Geschmack etwas.
A mí me gusta mucho el pescado, la carne en cambio no me sienta muy bien.	Ich esse sehr gerne Fisch, während mir das Fleisch nicht so gut bekommt.
Pues a mí también me encanta el pescado, de cualquier tipo siempre y cuando sea bien fresco.	Ich habe Fisch auch sehr gern, jede Art von Fisch, aber nur, wenn er schön frisch ist.
Conozco un restaurante nuevo en el que se come un pescado de primera. Y lo que les sale de maravilla es el bacalao a la vizcaína.	Ich kenne ein neues Restaurant, in dem man Fisch erster Klasse isst. Und was ihnen besonders gut gelingt ist der Kabeljau nach Biskaya-Art.
Pues a mí me encanta la merluza, supongo que allí también la sabrán preparar bien.	Ich schwärme für Seehecht, ich nehme an, dort werden sie ihn auch bestens zubereiten können.
Por supuesto, allí puedes tomar desde boqueroncitos fritos hasta besugo al horno, o si prefieres sepia a la plancha, o pulpo a la gallega ... Por no hablar de los chanquetes ...	Selbstverständlich, dort gibt es alles, von kleinen Sardellenfischen bis zur Meerbrasse im Rohr, oder wenn du lieber gegrillte Tintenfische isst oder Krake auf galicische Art ... Ganz zu schweigen von den Chanquetes (kleine sardellenartige Fischchen).
¡Calla, calla! No sigas que me están rugiendo las tripas. Se me hace la boca agua de pensar lo rico que tiene que estar todo eso.	Sei bloß still! Sprich nicht weiter, mir knurrt schon der Magen. Mir läuft das Wasser im Munde zusammen, wenn ich nur daran denke, wie gut das alles schmecken muss.
¡Pues no se hable más! ¿Tú tienes algo previsto para hacer esta noche?	Nun, hören wir auf mit dem Sprechen! Hast du für heute Abend schon etwas vor?
No. Nada en concreto.	Nein, nichts Bestimmtes.
Pues si quieres podemos ir a comer luego a mediodía a este restaurante.	Nun, wenn du willst, können wir nachher zum Mittagessen in dieses Restaurant gehen.
Oye me encantaría, pero los domingos siempre como en casa de mis padres. Ya sabes, la familia ...	Das würde ich sehr gerne tun, aber sonntags esse ich immer zu Mittag bei meinen Eltern. Du weißt schon, die Familie ...

Claro, mucha gente come en familia los domingos. Mis padres no viven aquí, así que echo mucho de menos las comidas que prepara mi madre.	Natürlich, viele Leute essen am Sonntag mit ihrer Familie. Meine Eltern leben nicht hier, deshalb fehlen mir die schönen Essen, die meine Mutter zubereitet, sehr.
¿Es buena cocinera?	Ist sie eine gute Köchin?
¡Huy! ¡Cocina de maravilla! Hace unas paellas que te chupas los dedos. Y el cocido madrileño …	Mein Lieber, sie kocht wunderbar! Sie macht eine Paella, nach der du dir die Finger leckst. Und der Eintopf auf Madrider Art …
Mira tú por donde, eso es lo que creo que voy a comer hoy. ¿Y tú que vas a comer a mediodía?	Mach, was du willst, ich glaube, das ist es, was ich heute zu Mittag essen werde. Und du, was isst du zu Mittag?
Pues una fabada.	Nun, eine weiße Bohnensuppe.
¡Vaya, pues no sabía que cocinabas! Una fabada no debe ser muy fácil de hacer.	Sieh mal an, ich wusste nicht, dass du kochst! Eine Fabada ist sicher nicht so leicht zuzubereiten.
No lo sé, yo siempre la compro de lata y está muy buena. Es más seguro que si la hago yo …	Ich weiß nicht, ich kaufe sie immer in der Dose, und die ist sehr gut. Das ist sicherer, als wenn ich sie selbst mache.
¡Ah!, ya veo que no te gusta mucho la cocina …	Ah, ich sehe schon, du bist nicht gern in der Küche.
Comer bien me gusta mucho. Pero no tengo paciencia para hacer la comida. Los días de diario siempre como en el comedor de la empresa y los fines de semana como de lata o bien voy a comer fuera de casa. Así también me ahorro fregar los cacharros.	Gut essen tu ich sehr gern. Aber ich habe nicht die Geduld, die Speisen zuzubereiten. An Werktagen esse ich immer in der Kantine meiner Firma und am Wochenende esse ich aus der Dose oder gehe zum Essen außer Haus. So erspare ich mir auch das Abwaschen.
¡Ya veo que te pegas buena vida!	Ich sehe schon, dass du es dir sehr gut gehen lässt.
Hombre, si uno está trabajando durante toda la semana se merece permitirse algún lujo de vez en cuando, ¿no? ¿Te animas a que vayamos a cenar esta noche a un buen sitio?	Mein Gott, wenn man die ganze Woche arbeitet, darf man sich schon ab und zu einen kleinen Luxus erlauben, oder? Kommst du mit, dann gehen wir heute Abend in ein schönes Lokal zum Essen?
Me parece muy buena idea.	Das ist eine gute Idee.

8.1.1 Las horas de comer

8.1.1 Die Essenszeiten

¿A qué hora coméis en tu casa?

Wann esst ihr bei euch zu Hause?

Los días de diario a eso de las dos y media, pero los domingos más tarde, a las tres o tres y media.

An Werktagen so um halb drei Uhr herum, aber sonntags später, um drei Uhr oder halb vier.

¿Y la cena?

Und das Abendessen?

Pues también varía, pero normalmente a las nueve y media o las diez.

Das wechselt auch, aber normalerweise um halb zehn oder zehn Uhr.

Hay mucha gente que se va al trabajo sin desayunar, o habiendo tomado sólo un café, pero yo no puedo hacerlo porque me caigo de desmayo.

Es gibt viele Leute, die ohne zu frühstücken zur Arbeit gehen, oder sie trinken nur einen Kaffee, aber ich kann das nicht, denn sonst werde ich ohnmächtig.

Pues yo sí, me levanto con la hora justa.

Ich schon, ich stehe in letzter Minute auf.

8.1.2 Carne

8.1.2 Fleisch

¿Te gusta la carne de cerdo?

Magst du Schweinefleisch?

Me gusta bastante, pero como tiene más grasa evito comer cerdo. Eso sí, una de las cosas que más me gusta comer es un buen jamón serrano.

Ich mag es ziemlich gern, aber da es sehr viel Fett enthält, vermeide ich es, Schweinefleisch zu essen. Natürlich, eines von den Dingen, die mir am besten schmecken, ist ein guter luftgetrockneter Schinken.

La carna que más me gusta es la de cordero.

Das Fleisch, das mir am besten schmeckt, ist das vom Lamm.

Como estoy a dieta sólo tomo carne de ternera a la plancha.

Da ich auf Diät gesetzt bin, esse ich nur gegrilltes Kalbfleisch.

¿Te gusta la carne muy hecha?

Isst du das Fleisch gern gut durchgebraten?

No, sólo con una vuelta.

Nein, nur einmal gewendet.

8.1.3 Pescado

8.1.3 Fisch

En mi casa nos encanta comer pescado, pero eso sí, que sea fresco.

Bei mir zu Hause essen wir sehr gerne Fisch, aber natürlich muss er frisch sein.

¿No temáis pescado congelado?

Esst ihr keinen tiefgefrorenen Fisch?

Si puedo escoger prefiero el pescado fresco, lo encuentro más sabroso.

Wenn ich wählen kann, ziehe ich frischen Fisch vor, ich finde, er ist schmackhafter.

¿Qué tipo de pescado te gusta más?

Welche Art Fisch hast du am liebsten?

Me gusta todo el pescado. De pescado azul, por ejemplo, me gustan muchísimo las sardinas y la caballa, y del blanco la merluza, el besugo y el lenguado.

Ich mag jede Art Fisch. Vom dunklen Fisch z. B. esse ich sehr gern Sardinen und Makrele, vom weißen Seehecht, Meerbrasse und Seezunge.

¿En qué se diferencia el pescado blanco y el azul?

Wie unterscheidet sich weißer Fisch von dunklem?

El pescado azul es el más graso, el blanco en cambio es más ligero, tiene muy poca grasa.

Dunkler Fisch ist fetter, der weiße hingegen ist leichter, er enthält ganz wenig Fett.

¿Y te gusta el pescado de agua dulce?

Und magst du Süßwasserfisch?

Por lo general no, prefiero el de mar; lo único que me gusta bastante son las truchas. Pero donde esté un buen bacalao …

Im Allgemeinen nicht, ich ziehe Meeresfisch vor; das Einzige, was ich auch mag, sind Forellen. Aber wo es einen guten Kabeljau gibt …

Yo me muero de ganas de comer una mariscada …

Ich bin ganz wild darauf, Meeresfrüchte zu essen.

A mí también me encanta el marisco. Lo malo es el precio que tiene.

Ich bin auch begeistert von Meeresfrüchten. Das Schlimme daran ist nur der Preis.

En las vacaciones pasadas había junto a nuestro apartamento una marisquería donde ponían un marisco de primera: gambas, cigalas, langostinos, nécoras, percebes … Daría cualquier cosa por probarlo ahora.

In unserem letzten Urlaub war neben unserem Appartment ein Restaurant mit Meeresfrüchten erster Klasse: Krabben, Kaisergranat, Langustenschwänze, Schwimmkrabben, Entenmuscheln … Ich würde weiß Gott was dafür geben, wenn ich das jetzt haben könnte.

8.1.4 Frutas y verduras

8.1.4 Obst und Gemüse

El médico me ha recomendado que coma mucha fruta y verdura, y que tome menos carne y menos grasas.

Der Arzt hat mir empfohlen, viel Obst und Gemüse zu essen und weniger Fleisch und Fett.

A mí me encanta comer ensaladas, sobre todo en el verano, con el calor apenas como otra cosa.

Ich esse sehr gern Salate, vor allem im Sommer, wenn es so heiß ist, esse ich kaum etwas anderes.

¿Qué le pones a la ensalada?

Was tust du alles in den Salat?

Pues la tomo de muchos tipos: de lechuga, tomate y cebolla, de berros ... ¡de todo!

Nun, ich esse viele Sorten davon: Kopfsalat, Tomaten und Zwiebeln, Kresse ... alles!

¿Cómo la aliñas? ¿La tomas con salsas?

Wie bereitest du ihn zu? Nimmst du Soßen dazu?

A veces, pero como más me gusta es simplemente con sal, aceite y vinagre. El aceite, por supuesto, un buen aceite de oliva. Algunas veces en lugar de vinagre le pongo limón, que también le da muy buen sabor.

Manchmal, aber am besten schmeckt er mir ganz einfach mit Salz, Öl und Essig. Das Öl muss natürlich ein gutes Olivenöl sein. Manchmal nehme ich statt Essig Zitrone, das gibt auch einen sehr guten Geschmack.

Como tengo una huertecita en el jardín de casa, pues yo mismo me cultivo mis verduras: espinacas, coliflores, zanahorias. También tengo perejil y albahaca, que utilizo mucho para las comidas.

Da ich einen kleinen Gemüsegarten in unserem Garten habe, ziehe ich mir mein Gemüse selbst: Spinat, Blumenkohl, gelbe Rüben. Ich habe auch Petersilie und Basilikum, das verwende ich viel zum Kochen.

Tengo también varios árboles frutales: cerezos, melocotoneros, un naranjo, un limonero y un peral, así que siempre tengo fruta fresca. Además no le pongo ningún tipo de productos químicos.

Ich habe auch verschiedene Obstbäume: Kirschbäume, Pfirsichbäume, einen Orangenbaum, einen Zitronenbaum und einen Birnbaum, so habe ich immer frisches Obst. Außerdem verwende ich keine chemischen Mittel.

Hoy en día los productos ecológicos son un lujo, así que es una suerte poderlos cultivar uno mismo.

Heutzutage sind die Bioprodukte ein Luxus, so ist es ein Glück, wenn man sie selbst anbauen kann.

8.1.5 Arroz

8.1.5 Reis

Te gusta el arroz?

Magst du Reis?

Según como. Por una buena paella, por ejemplo, me vuelvo loco.

Das kommt darauf an. Nach einer guten Paella z. B. bin ich ganz verrückt.

¿Qué otros ingredientes lleva una paella?

Was für Zutaten sind sonst noch in der Paella?

Pues lleva también tomate, cebolla, ajo, aceite de oliva, algo de carne de cerdo o de pollo, mariscos y habas. Tedo ello lo pones en la paellera.

Nun, es ist auch Tomate drin, Zwiebel, Knoblauch, Olivenöl, etwas Schweinefleisch oder Hühnerfleisch, Meeresfrüchte und Bohnen. Das alles kommt in die Paella-Pfanne.

¿Y lleva muchas especias?	Sind auch viele Gewürze drin?
No, sólo azafrán.	Nein, nur Safran.
Me gustaría que me dieras la receta para intentar hacerla yo.	Ich hätte gerne das Rezept von dir, damit ich selbst versuchen kann, sie zu machen.
¿Cómo es una paellera?	Wie sieht eine Paella-Pfanne aus?
Es una especie de sartén grande y poco profunda, con dos asas a los lados.	Es ist eine Art große flache Pfanne mit zwei Griffen an der Seite.
Yo he intentado varias veces hacer paella pero no acaba de salirme bien.	Ich habe verschiedene Male versucht, eine Paella zu machen, aber noch ist sie mir nicht gut gelungen.
Es cuestión de cogerle el tranquillo. Pero también son muy importantes los ingredientes. Es imprescindible que el tipo de arroz sea el adecuado: un buen arroz valenciano. Y si la haces en fuego de leña, pues sabe muchísimo mejor.	Das muss man nur mit aller Ruhe machen. Aber auch die Zutaten sind sehr wichtig. Der richtige Reis ist unerlässlich: ein guter Reis aus Valencia. Und wenn du sie auf offenem Holzfeuer machst, schmeckt sie noch viel besser.
¿Y de qué otras formas sabes preparar el arroz?	Und wie kannst du den Reis noch zubereiten?
También sé hacer arroz con leche. Me gusta mucho tomarlo como postre, con canela espolvoreada por encima.	Ich kann auch Milchreis machen. Den esse ich gern als Nachspeise, mit Zimt drübergestreut.
De postre suelo tomar fruta del tiempo.	Als Nachtisch nehme ich immer Obst der Saison.
¿Qué es lo que más te gusta?	Welches schmeckt dir am besten?
En verano me encanta el melón y la sandía. Y en invierno tomo muchas naranjas.	Im Sommer liebe ich Melone und Wassermelone. Und im Winter esse ich viel Orangen.
¿Te gustan los postres dulces?	Magst du gern Süßspeisen als Nachtisch?
No demasiado. A veces tomo flan. También a veces compro helado, pero no para mí, sino para los niños que son muy golosos.	Nicht so sehr. Manchmal esse ich Pudding. Manchmal kaufe ich auch Eis, aber nicht für mich, sondern für die Kinder, die große Schleckermäuler sind.

8.2 Tapas	**8.2 Tapas (kleine Häppchen)**
Podemos tomar primero unas tapas y después nos vamos a cenar.	Wir können erst ein paar Tapas nehmen und danach gehen wir zum Abendessen.
¿Conoces algún sitio dónde pongan buenas tapas?	Kennst du ein Lokal, wo es gute Tapas gibt?
Conozco muchos, y hay una calle entera que está llena de bares en los que puedes tomar tapas y unos „chatos“ de vino.	Ich kenne viele und es gibt eine ganze Straße, die voll von Bars ist, in denen man Tapas nehmen kann und einige Gläschen Wein.
¿A qué hora quedamos? ¿Qúe te parece a eso de las siete?	Um wie viel Uhr treffen wir uns? Wie findest du etwa sieben Uhr?
¡Fenómeno! Entonces, hasta luego.	Prima! Also dann, bis nachher.
Vamos primero al bar de la esquina a picar algo.	Gehen wir zuerst in die Bar um die Ecke, um eine Kleinigkeit zu nehmen.
¡Buenas! ¿Qué les pongo a los señores?	Guten Abend! Was darf ich den Herren bringen?
¿Qué tiene de tapas?	Was haben Sie an Tapas?
Pues tenemos patatas a la brava, tortilla, queso manchego, ensaladilla rusa, champiñones al ajillo, boquerones en vinagre, pimientitos de Padrón, gambas a la plancha, calamares, mejillones en escabeche y pulpo a la gallega.	Nun, wir haben Kartoffeln mit Knoblauchmayonnaise, Kartoffelomelett, Käse aus der Mancha, italienischen Salat, Champignons mit Knoblauch, Sardellen in Essig, kleine gebratene Paprikaschoten, gegrillte Krabben, Tintenfische, eingelegte Miesmuscheln und Krake auf galicische Art.
Pues … Pónganos unas gambitas a la plancha. Yo tomo una caña. ¿Y tú?	Also … Bringen Sie uns ein paar gegrillte Krabben. Ich nehme ein kleines Glas Bier. Und du?
Yo también una caña.	Ich auch ein kleines Bier.
¡Marchando! ¡Una de gambas y dos cañas!	Kommt sofort! Einmal Krabben und zwei Bier.

8.3 Restaurante	**8.3 Restaurant**
Vamos a ver que hay en la carta …	Mal sehen, was auf der Karte steht.
Mira el menú del día: entremeses, sopa de pescado, calamares a la romana, riñones al jerez y flan o fruta del tiempo.	Sieh mal, das Tagesmenü: Vorspeisen, Fischsuppe, gebackene Tintenfischringe, Nierchen in Sherrysoße und Pudding oder Obst der Saison.

Yo voy a ver los otros platos, no me gustan los riñones.

Ich schau mir noch die anderen Gerichte an, ich mag keine Nierchen.

¿Han decidido los señores que van a tomar?

Haben sich die Herrschaften schon entschieden?

Pues sí … Yo voy a tomar una sopa de pescado y caldereta de cordero.

Nun ja … Ich nehme eine Fischsuppe und Lammragout.

Y yo … crema de champiñones y merluza a la plancha.

Und ich … Champignoncremesuppe und gegrillten Seehecht.

Y nos pone una ensalada para dos. Y para beber un agua mineral y un vino de la casa, tinto.

Und bringen Sie bitte einen Salat für zwei. Und zum Trinken ein Mineralwasser und einen Wein des Hauses, Rotwein.

¿Van a tomar postre?

Möchten Sie eine Nachspeise?

Yo no, sólo un café cortado.

Ich nicht, nur einen kleinen Kaffee mit wenig Milch.

Y a mí uno sólo, por favor.

Und für mich einen schwarzen, bitte.

8.4 Bebidas

8.4 Getränke

8.4.1 Vino

8.4.1 Wein

¿Tomas vino o cerveza en las comidas?

Trinkst du Wein oder Bier zum Essen?

Sí, normalmente una copa de vino. La cerveza me gusta tomarla antes de comer, con una tapita de algo. Pero sólo una caña, porque si no se me sube a la cabeza rápido y me da mucho sueño.

Ja, normalerweise ein Glas Wein. Das Bier trinke ich gerne vor dem Essen, mit einem kleinen Häppchen irgendwas. Aber nur ein kleines Bierchen, denn sonst steigt es mir schnell zu Kopf und ich werde sehr müde.

¿Por qué no tomas el vino con agua? Así es más ligero.

Warum trinkst du nicht Wein mit Wasser? So ist er nicht so schwer.

Eso es un disparate. Para eso prefiero no tomar vino.

Das ist Unsinn. Dann trinke ich lieber keinen Wein.

El vino que más me gusta es el tinto, aunque dependiendo de la comida también tomo vino blanco o rosado.

Mir schmeckt Rotwein am besten, obwohl ich auch, je nachdem was man isst, Weißwein oder Roséwein trinke.

¿Qué vino crees que irá bien con este pescado?

Was meinst du, welcher Wein passt gut zu diesem Fisch?

Un blanco suave. He puesto ya dos botellas a refrescar porque hay que tomarlo fresco.	Ein lieblicher weißer. Ich habe bereits zwei Flaschen kalt gestellt, denn man muss ihn kühl trinken.
Mi tío es un auténtico experto en vinos. A veces participa en catas.	Mein Onkel ist ein wirklicher Weinkenner. Manchmal nimmt er an Weinproben teil.
¿Cuál vino blanco es tu preferido?	Welcher ist dein Lieblingsweißwein?
Me gusta mucho el jerez seco. Está muy bueno tomado como aperitivo antes de las comidas con una tapa de queso manchego o con aceitunas.	Ich trinke sehr gern trockenen Sherry. Er ist vorzüglich als Aperitif vor dem Essen, mit einem Stückchen Käse aus der Mancha oder mit Oliven als Tapas.
¿Y de los tintos?	Und welcher Rotwein?
Pues me gustan bastante secos, sobre todo el rioja.	Nun, ich habe ziemlich gern trockene Weine, vor allem aus der Rioja.
La cosecha del año 2002 fue de una excelente calidad.	Die 2002er Ernte war von ausgezeichneter Qualität.
Cada región tiene un organismo que otorga a sus vinos una „denominación de origen", que es una garantía de calidad.	Jede Region hat einen Verband, der für seine Weine eine „Ursprungsbezeichnung" ausstellt, was eine Qualitätsgarantie darstellt.

8.4.2 Cerveza / *8.4.2 Bier*

¿En España sólo se toma vino o se bebe también cerveza?	Trinkt man in Spanien nur Wein oder trinkt man auch Bier?
¡Claro que se bebe cerveza, y mucha! Sobre todo en el verano con el calor entra muy bien.	Natürlich trinkt man Bier, und zwar viel! Vor allem im Sommer, bei der Hitze trinkt es sich sehr gut.
Es muy frecuente salir con los amigos „de cañas", a tomar unas cañas de cerveza en los bares.	Man geht sehr häufig mit Freunden „auf ein Bierchen", um ein paar Bier in den Bars zu trinken.
¿La caña es un tipo especial de cerveza?	Ist „caña" eine spezielle Biersorte?
Una caña es un vaso de cerveza de barril, que se suele poner en los bares. Pero también se toma cerveza de botella.	„Caña" ist ein Glas Bier vom Fass, das es in Bars gibt. Aber man trinkt auch Flaschenbier.
Pero en España se toma la cerveza muy fría, ¿no?	Aber in Spanien trinkt man das Bier sehr kalt, oder?

Normalmente se toma más fría que en Alemania, pero es que como hace más calor, pues apetece que esté bien fresquita.

Normalerweise trinkt man es kälter als in Deutschland, aber da es auch wärmer ist, hat man es lieber, wenn es schön kühl ist.

¿Qué tipo de cerveza es el que más se consume?

Welches Bier wird am meisten getrunken?

Sobre todo cerveza rubia. La negra se bebe mucho menos.

Vor allem helles Bier. Das dunkle trinkt man viel weniger.

8.4.3 Copas y bebidas sin alcohol

8.4.3 Spirituosen und alkoholfreie Getränke

¿Qué te puedo ofrecer? ¿Quieres una copa de coñac, anís ...?

Was kann ich dir anbieten? Möchtest du einen Kognak, einen Anisschnaps ...?

No gracias. No voy a beber nada porque tengo que conducir.

Nein, danke. Ich trinke nichts, weil ich noch fahren muss.

Tengo zumo si quieres.

Ich habe Saft, wenn du möchtest.

Bueno, eso sí, un vaso de zumo.

Ja, das schon, ein Glas Saft.

¿Prefieres de naranja, manzana, pera o melocotón?

Möchtest du Orangensaft, Apfelsaft, Birne oder Pfirsich?

Me da igual, el que tengas más a mano.

Das ist mir egal, was du gerade zur Hand hast.

8.4.4 Cava

8.4.4 Sekt

He traído unas botellas de cava para después de la cena. Es un cava catalán de primera calidad.

Ich habe ein paar Flaschen Sekt für nach dem Abendessen gekauft. Es ist ein katalanischer Sekt der Spitzenklasse.

El de una botella es muy seco, como a mí me gusta, pero como sé que a vosotros os gusta semiseco, pues he traído estas otras botellas.

Eine Flasche ist sehr trocken, wie ich ihn mag, aber da ich weiß, dass ihr ihn halbtrocken mögt, habe ich diese anderen Flaschen gekauft.

Me gusta tomar el cava en copas altas, que se vea subir las burbujas.

Ich trinke den Sekt gern aus hohen Gläsern, damit man die Bläschen aufsteigen sieht.

¡Esto hay que celebrarlo! Vamos a brindar por que vuelvas a tener muchos éxitos como este.

Das muss gefeiert werden! Stoßen wir darauf an, dass du noch viele solche Erfolge hast wie diesen.

9. Deportes	9. Sport
9.1 Deportistas y aficionados	**9.1 Sportler und Sportbegeisterte**
¿Haces algún deporte?	Treibst du irgendeinen Sport?
Yo juego al tenis dos veces a la semana. Me ayuda a mantenerme en forma.	Ich spiele zweimal die Woche Tennis. Das hilft mir, fit zu bleiben.
Yo en cambio no practico ningún deporte, aunque soy muy aficionado al fútbol. Todos los domingos veo el partido por televisión y siempre que puedo voy al campo a verlo en directo.	Ich hingegen treibe keinen Sport, auch wenn ich ein großer Fußballanhänger bin. Jeden Sonntag sehe ich das Spiel im Fernsehen, und sooft ich kann, gehe ich ins Stadion, um es direkt zu sehen.
Una cosa es el deporte como espectáculo y otra muy distinta el deporte como ejercicio físico. Yo no soporto a los hinchas fanáticos de muchos equipos.	Eine Sache ist der Sport als Schauspiel und eine ganz andere Sache ist der Sport als körperliche Ertüchtigung. Ich kann die fanatischen Fans vieler Mannschaften nicht ertragen.
Es verdad que hay quien se excede, pero la mayoría de la gente lo que hace es animar a su equipo y pasar un buen rato.	Es stimmt schon, dass es Leute gibt, die übertreiben, aber die Mehrheit der Leute spornt ihre Mannschaft an und verbringt eine angenehme Zeit.
Cada vez que hago algo de deporte acabo hecho polvo, por ejemplo, el domingo pasado jugué un rato al tenis y todavía tengo unas agujetas que no me puedo mover.	Jedes Mal, wenn ich irgendeinen Sport treibe, bin ich hinterher kaputt, z. B. spielte ich letzten Sonntag eine Weile Tennis, und ich habe jetzt noch so Muskelkater, dass ich mich kaum bewegen kann.
Pues la mejor manera de que se te quiten es haciendo más deporte.	Die beste Art ihn loszuwerden ist, noch mehr Sport zu treiben.

9.2 Fútbol	**9.2 Fußball**
¿A ti te gusta el fútbol?	Magst du Fußball?
Muchísimo, soy un hincha del Real Madrid de toda la vida.	Sehr sogar, ich bin ein Fan von Real Madrid mein Leben lang.
Pues yo soy del Barcelona …	Nun, ich von Barcelona.
Vaya hombre … Pues lo siento mucho, porque en el partido del domingo que viene os vamos a dar una buena paliza.	Na so was, Mensch … Nun, es tut mir sehr leid, denn in dem Spiel am nächsten Sonntag werden wir euch eins draufgeben.

Eso habrá que verlo, porque lo mismo decís siempre, pero luego …

Das müssen wir erst sehen, denn das sagt ihr immer, und dann …

¿Pero luego qué? ¡Pues luego vamos a ver! Con esos nuevos fichajes lo único que habéis hecho es tirar el dinero.

Und dann was? Dann werden wir schon sehen! Das Einzige, was ihr mit den neu eingekauften Spielern erreicht habt, ist, Geld zu verschwenden.

La selección se ha clasificado en los cuartos de final para las semifinales del campeonato del mundo.

Die Auswahl hat sich im Viertelfinale für das Halbfinale der Fußballweltmeisterschaft qualifiziert.

Las semifinales del mundial se jugarán dentro de dos meses.

Die Halbfinalspiele der Weltmeisterschaft finden in zwei Monaten statt.

El equipo ha tenido una actuación muy brillante, si bien el buen juego no se ha traducido en un resultado favorable.

Die Mannschaft hat brillant gespielt, auch wenn das gute Spiel nicht in ein gutes Ergebnis umgesetzt wurde.

Ese muchacho es un centrocampista excelente.

Dieser Junge ist ein ausgezeichneter Mittelfeldspieler.

Los dos goles del equipo visitante fueron marcados de penalti.

Die beiden Tore der Besuchermannschaft wurden durch Strafstoß erzielt.

Nuestro delantero centro está lesionado y no podrá jugar la final del campeonato.

Unser Mittelstürmer ist verletzt und wird im Endspiel der Meisterschaft nicht spielen können.

Este equipo está a la cabeza de la liga, va ganando con bastantes puntos de diferencia.

Diese Mannschaft steht an der Spitze der Liga, sie wird mit ziemlich vielen Punkten Differenz gewinnen.

El delantero ha hecho un disparo tremendo y el balón ha pasado rozando el larguero, no ha marcado de milagro.

Der Stürmer hat einen gewaltigen Schuss abgegeben und der Ball hat die Querlatte gestreift, wie durch ein Wunder hat er kein Tor geschossen.

El juego ha sido bastante duro en este partido, así que el árbitro ha tenido que enseñar una tarjeta roja a un jugador y varias tarjetas amarillas a otros.

Die Spielweise in diesem Spiel war ziemlich hart, sodass der Schiedsrichter einem Spieler die rote Karte zeigen musste und verschiedenen anderen die gelbe.

Como el jugador estaba fuera de juego, el árbitro anuló el tanto, a pesar de las protestas del público.

Da der Spieler im Abseits war, gab der Schiedsrichter das Tor nicht, trotz der Proteste des Publikums.

La falta cometida por el defensa fué castigada con un tiro indirecto libre.

Das Foul des Verteidigers wurde mit einem indirekten Freistoß bestraft.

9.3 Tenis

9.3 Tennis

¿Te gusta jugar al tenis?
Spielst du gern Tennis?

Sí, mucho, soy socio de un club.
Ja, sehr gern, ich bin Mitglied in einem Klub.

¿En qué tipo de pista te gusta jugar?
Auf was für einem Platz spielst du gern?

Prefiero jugar en pistas de tierra batida, me gustan más que las de hierba.
Ich spiele lieber auf Sandplätzen, die habe ich lieber als Grasplätze.

¿Has visto la final del torneo por la televisión?
Hast du das Endspiel des Turniers im Fernsehen gesehen?

Sí, ha sido muy emocionante. Sobre todo la final de dobles ha estado muy disputada.
Ja, das war sehr aufregend. Vor allem das Endspiel im Doppel war sehr umkämpft.

Acabo de comprar una raqueta muy buena.
Ich habe gerade einen sehr guten Schläger gekauft.

Si quieres, podemos jugar el próximo fin de semana.
Wenn du willst, können wir nächstes Wochenende spielen.

9.4 Baloncesto

9.4 Basketball

El nuevo jugador ha hecho en este partido muchas canastas.
Der neue Spieler hat in diesem Spiel viele Körbe erzielt.

Este pivot es muy bueno, pero el base es excepcional.
Dieser Pivot ist sehr gut, aber der Spielmacher ist außergewöhnlich.

En el último segundo el equipo superó el bloqueo y consiguió encestar.
In der letzten Sekunde überwand die Mannschaft die Blockade und konnte den Ball in den Korb werfen.

Tras un pase picado se inició un rápido contraataque, pero a un jugador le pitaron una falta personal.
Nach einem unterbrochenen Pass wurde schnell die Gegenattacke eingeleitet, aber bei einem Spieler wurde persönliches Foul gepfiffen.

El árbitro ha señalado una falta técnica.
Der Schiedsrichter zeigte ein technisches Foul an.

La canasta ha sido anulada, con lo que el tanteo sigue siendo favorable al equipo visitante.
Der Korb wurde annulliert, womit das Korbverhältnis weiterhin zugunsten der Gästemannschaft steht.

Superando un marcaje estrecho, el jugador logró encestar de gancho.
Nachdem er sich aus der engen Deckung gelöst hatte, konnte der Spieler mit einem Hakenwurf einen Korb erzielen.

Después de unos segundos de tiempo muerto pedidos por el entrenador del equipo, el árbitro ordenó volver a poner la pelota en movimiento.

Nach einigen Sekunden Auszeit, um die der Trainer der Mannschaft gebeten hatte, ordnete der Schiedsrichter an, den Ball wieder in Bewegung zu setzen.

El entrenador ha pedido un cambio para retirar a un jugador demasiado cargado de personales.

Der Trainer hat um einen Wechsel gebeten, um einen Spieler herauszunehmen, der zu sehr bedrängt wurde.

El jugador encargado de lanzar el tiro libre estaba muy sereno.

Der Spieler, der den Freistoß ausführen sollte, war ganz gelassen.

El tiro ha rebotado en el tablero, luego ha rodado por el aro y finalmente ha entrado en la cesta.

Der Wurf ist vom Brett abgeprallt, hat sich um den Ring gedreht und ist schließlich in den Korb gegangen.

9.5 Ciclismo

9.5 Radfahren

Mi deporte favorito es el ciclismo.

Mein Lieblingssport ist Rad fahren.

¿Montas en bicicleta?

Fährst du Fahrrad?

Todos los domingos me hago una escapada y recorro por lo menos cincuenta kilómetros.

Jeden Sonntag nehme ich mir die Zeit und lege wenigstens fünfzig Kilometer zurück.

Tendrás una buena bici.

Du hast sicher ein gutes Fahrrad.

Sí claro, es una bicicleta de carreras. Tiene cinco piñones.

Ja natürlich, es ist ein Rennrad. Es hat fünf Zahnräder.

Pues yo tengo una bicicleta de paseo que apenas uso, porque tiene roto un pedal y además necesita zapatas de frenos nuevas y yo no tengo nunca tiempo de arreglarla.

Nun, ich habe ein Tourenrad, das ich kaum benutze, weil ein Pedal kaputt ist und außerdem braucht es neue Bremsbeläge und ich habe nie Zeit, es zu reparieren.

Pues a mí me gusta arreglar bicicletas, si quieres, el sábado tengo tiempo y podemos mirarla …

Also, ich repariere gern Fahrräder, wenn du willst, am Samstag habe ich Zeit, dann können wir es uns ansehen.

Pues me vendría muy bien. Tráete herramientas porque yo sólo tengo un par de llaves. Podemos aprovechar para tensarle la cadena y regular la altura del manillar y del sillín.

Das käme mir sehr gelegen. Bring Werkzeug mit, denn ich habe nur ein paar Schraubenschlüssel. Wir können dann gleich die Kette spannen und die Höhe der Lenkstange und des Sattels richtig einstellen.

¡Pues tu bicicleta está hecha una pena!

Nun, dein Fahrrad sieht ja traurig aus!

Desde luego, ¡está hecha polvo! Una rueda también está desinflada, y no sé si es que pierde aire por la válvula o es que está pinchada.	Na klar, es ist in einem schlimmen Zustand! Ein Rad ist auch platt und ich weiß nicht, ob es Luft durch das Ventil verliert oder ob es ein Loch hat.
¿Tienes bomba?	Hast du eine Luftpumpe?
Eso sí.	Das ja.
Entonces me llevaré también los parches, por si acaso, aunque creo que lo que tú necesitas es una nueva bicicleta.	Dann bringe ich auch mein Flickzeug mit, für alle Fälle, was ich jedoch glaube, ist, dass du ein neues Fahrrad brauchst.
La vuelta ciclista de este año va a ser muy interesante, porque correrán muchos y buenos equipos.	Die Radrundfahrt dieses Jahr wird sehr interessant, denn es fahren viele und gute Mannschaften.
El intento de escapada ha sido neutralizado por el pelotón.	Der Versuch, aus dem Feld auszubrechen, wurde durch das Feld zunichte gemacht.
Un grupo de tres corredores ha realizado una escapada.	Eine Gruppe von drei Rennfahrern hat es geschafft auszureißen.
El escapado logró incrementar la distancia sobre el grueso del pelotón y llegó triunfador a la meta con tres minutos de ventaja.	Der Ausreißer konnte die Entfernung zum dichten Feld ausbauen und erreichte das Ziel als Sieger mit drei Minuten Vorsprung.
La Vuelta Ciclista a España pasará esto año por treinta provincias.	Die Radrundfahrt durch Spanien geht dieses Jahr durch dreißig Provinzen.
La etapa de hoy se realizará contra reloj.	Die heutige Etappe ist Zeitfahren.
La etapa de mañana será muy dura: hay dos puertos de segunda categoría y uno de primera.	Die morgige Etappe wird sehr hart werden: Es geht über zwei Pässe der Klasse zwei und einen der Klasse eins.
La carrera de velocidad tendrá lugar en un velódromo.	Das Geschwindigkeitsfahren wird in einer Radrennbahn stattfinden.
El control antidoping al que han sometido al ciclista ha resultado positivo, por lo que ha sido sancionado y eliminado de la carrera.	Die Dopingkontrolle, der sie den Radfahrer unterzogen haben, war positiv, weshalb er bestraft und vom Rennen ausgeschlossen wurde.

9.6 Natación

9.6 Schwimmen

Están construyendo una piscina cubierta muy cerca de mi casa. Ahora podré ir a nadar todos los días.

Es wird gerade eine Schwimmhalle in der Nähe meiner Wohnung gebaut. Jetzt kann ich jeden Tag schwimmen gehen.

Yo también nado, pero no como deporte de competición, sino porque me viene muy bien para los dolores de espalda.

Ich schwimme auch, aber nicht als Wettkampfsport, sondern weil es gut für meine Rückenschmerzen ist.

Yo en cambio lo practico como deporte. Tengo varias medallas.

Ich hingegen mache es als Sport. Ich habe verschiedene Medaillen.

¿Cuál es tu estilo favorito?

Welches ist dein Lieblingsstil?

Sobre todo estilo braza, pero también mariposa.

Vor allem Brustschwimmen, aber auch Butterfly.

Dicen que la natación es un deporte muy completo, que hace ejercitar todos los músculos del cuerpo.

Man sagt, Schwimmen sei ein sehr umfassender Sport, der alle Muskeln des Körpers trainiert.

Y muy bueno para los pulmones.

Und sehr gut für die Lungen.

Como no estoy acostumbrado a nadar mucho, en cuanto doy unas brazadas ya estoy que me falta el aire, la última vez además me dio un calambre en la pierna.

Da ich nicht daran gewöhnt bin, viel zu schwimmen, fehlt mir die Luft, sobald ich ein paar kräftige Stöße mache, und das letzte Mal habe ich sogar einen Krampf im Bein bekommen.

Lo que te hace falta es un poco de entrenamiento regular.

Was dir fehlt ist ein wenig regelmäßiges Training.

La final de estilo libre se celebrará hoy.

Heute findet das Finale im Freistil statt.

El nadador de la calle número cuatro es el que ostenta el record, sin embargo todos esperan que sea capaz de batir hoy su propia marca.

Der Schwimmer auf Bahn vier ist der, der den Rekord hält, jedoch hoffen alle, dass er heute in der Lage ist, seinen eigenen Rekord zu schlagen.

La nadadora logró reunir en los pasados juegos olímpicos siete medallas.

Der Schwimmerin gelang es bei den letzten Olympischen Spielen, sieben Medaillen zu erringen.

9.7 Esquí

9.7 Ski laufen

¿Pensáis ir a esquiar en el próximo puente?

Habt ihr vor, am nächsten langen Wochenende Ski fahren zu gehen?

Si podemos sí. Ya sabes que nos encanta y que aprovechamos cualquier ocasión para esquiar. Depende de que la nieve esté en buen estado.

Wenn wir können, ja. Du weißt ja, dass wir das sehr gerne tun und jede Gelegenheit zum Skifahren nutzen. Es hängt davon ab, ob der Schnee in gutem Zustand ist.

Este año hay poca nieve.

Dieses Jahr gibt es wenig Schnee.

Sí, pero en los Pirineos las pistas están muy bien. Según he oído hoy en la televisión hay mucha nieve en polvo. ¿Te animas a venir con nosotros?

Ja, aber in den Pyrenäen sind die Pisten sehr gut. Soweit ich heute im Fernsehen gehört habe, gibt es viel Pulverschnee. Hast du Lust, mit uns zu kommen?

Me da un poco de vergüenza, vosotros esquiáis maravillosamente bien y yo soy un principiante.

Ich schäme mich ein bisschen, ihr fahrt ganz toll Ski und ich bin ein Anfänger.

No te preocupes por eso, así puedes practicar, que es lo importante. Sólo tienes que coger el traje y los esquís y venirte con nosotros, vamos en el coche de Pedro.

Mach dir darüber keine Gedanken, so kannst du üben, was das einzig Wichtige ist. Du brauchst nur deinen Anzug und die Skier zu nehmen und mit uns zu kommen, wir fahren in Pedros Auto.

¿Irá también Antonio?

Kommt Antonio auch mit?

Esta vez no, como tiene que trabajar y sólo tiene un diá libre ha decidido que va a hacer esquí de fondo, lo puede hacer aquí más cerca, en la sierra, y puede ir y volver en un día el próximo domingo.

Dieses Mal nicht, da er arbeiten muss und nur einen Tag frei hat, hat er sich entschieden, Langlauf zu machen, das kann er in der Nähe tun, in der Sierra, und er kann am kommenden Sonntag am gleichen Tag hin- und zurückfahren.

Yo me estoy animando, ¡creo que voy a ir con vosotros!

Ich bekomme schon Lust, ich glaube, ich komme mit euch!

Pues a ver si es verdad. Si te decides llámanos cuanto antes y ya vemos a qué hora salimos de viaje.

Mal sehen, ob es stimmt. Wenn du dich entschließt, ruf so bald als möglich an und dann sehen wir, um wie viel Uhr wir losfahren.

9.8 Deportes náuticos

9.8 Wassersport

En el verano, con tanto calor, no apetece hacer deporte.

Im Sommer bei dieser Hitze hat man keine Lust, Sport zu treiben.

Según qué deporte, yo nunca correría con cuarenta grados de temperatura, pero si estás en la playa es otra cosa.

Das kommt auf den Sport an, ich würde nie bei vierzig Grad laufen, aber wenn man am Strand ist, ist das etwas anderes.

Bueno, claro, hacer esquí acuático, por ejemplo, debe ser muy agradable.	Gut, natürich, Wasserski fahren z. B. muss sehr angenehm sein.
¡Por supuesto! Ya es el deporte que más practico en verano, porque las vacaciones me las paso en la costa.	Selbstverständlich! Das ist ja der Sport, den ich im Sommer am meisten ausübe, denn den Urlaub verbringe ich an der Küste.
¿Tienes entonces una lancha?	Hast du denn ein Boot?
Tengo una lancha, pero el motor no es lo bastante potente como para poder esquiar. Mi tío sí tiene una muy potente, que es la que usamos. Y los días con buen viento aprovecho para hacer windsurf.	Ich habe ein Boot, aber der Motor ist nicht stark genug, um Wasserski fahren zu können. Doch mein Onkel hat ein sehr leistungsfähiges, das benutzen wir. Und die Tage mit gutem Wind nutze ich zum Surfen.
¡Caramba! ¡qué envidia me estás dando!	Sieh mal an! Da werde ich ja richtig neidisch!
No te quejes, ¡porque tú no te pasas malos veraneos en la montaña!	Beklag dich nicht, denn du verbringst auch keine schlechten Sommerurlaube in den Bergen.
Ya, pero me gustaría también, por ejemplo, hacer submarinismo. Debe ser muy bonito.	Schon, aber ich würde auch gern z. B. unter Wasser tauchen. Das muss sehr schön sein.
¡Ya lo creo! Pero requiere una buena preparación, no es sólo cuestión de ponerte las gafas de buceo, las aletas, y las botellas de oxígeno y … ¡hala! ¡para adentro!	Das kannst du glauben! Aber das braucht eine gute Vorbereitung, es reicht nicht, dir die Taucherbrille aufzusetzen, die Flossen anzuziehen und die Sauerstoffflasche umzuhängen und … los, hinein!

10. Tiempo libre

10.1 Juegos y pasatiempos

¡Qué aburrimiento! ¡No sé qué hacer!

¡Y yo que quieres que le haga! Haz algo, lee, vete a pasear, al cine …

No, si he quedado con los amigos para dar una vuelta y luego, quizá ir al cine, pero hasta las siete que pasarán a buscarme tengo todavía dos horas.

¡Puez haz crucigramas!

Oye, eso es una buena idea. Voy a hacer el crucigrama del periódico, a ver si me entretengo un rato.

A ver … horizontales: „No quiero seguir discutiendo, no me gustan esos — — — — — y diretes“.

Eso es muy fácil: „dimes y diretes“.

No conozco esa expresión …

Pues hombre, la conoce todo el mundo, „dimes y diretes“ son rumores, habladurías. A ver dime otra, que me ha gustado …

Esta otra, 2, horizontales: „con estas cuatro puede usted imitar al lobo“.

¡Ahí va! esa es más difícil, con cuatro letras …

10. Freizeit

10.1 Spiele und Zeitvertreib

Ist das langweilig! Ich weiß nicht, was ich machen soll!

Und was soll ich dagegen tun? – Tu irgendetwas, lies, geh spazieren, geh ins Kino …

Nein, ich habe mich mit einigen Freunden verabredet, um eine Runde zu drehen, vielleicht gehen wir ins Kino, aber bis sieben Uhr, bis sie mich abholen, habe ich noch zwei Stunden.

Dann mach Kreuzworträtsel!

Ach, das ist eine gute Idee. Ich werde das Kreuzworträtsel in der Zeitung lösen, mal sehen, ob ich mich eine Weile unterhalte.

Lass mal sehen … waagerecht: „Ich will nicht weiter diskutieren, ich mag dieses … und Her-Gerede nicht“.

Das ist ganz leicht: „Hin-und-Her-Gerede“.

Ich kenne diesen Ausdruck nicht.

Ach Mensch, den kennt jeder, „Hin-und-Her-Gerede“ sind Gerüchte, Geschwätz. Sag mir noch eines, das hat mir gefallen …

Dies hier, 2 waagerecht: „mit diesen vieren können Sie den Wolf imitieren“.

So ist das! Dies ist schwieriger, mit vier Buchstaben.

Ya está: ¡uuuu!	Das haben wir schon: uuuu.
¡Anda claro! ¡Pues es verdad, y además pega con las verticales!	Ach geh, natürlich! Aber es stimmt! Und außerdem stimmt es mit den Senkrechten überein.
Y a ver esta: „ya es usted mayorcito“, con seis letras y empieza por „ca“ … Ya está: „cásese“.	Nun dieses: „Sie sind bereits erwachsen“, mit sechs Buchstaben und fängt mit „ca“ … an. Das haben wir schon: „cásese“ (heiraten Sie).
¿Qué te parece si echamos una partida al ajedrez?	Was hältst du davon, wenn wir eine Partie Schach spielen?
No, la verdad es que no me apetece. Hay que pensar mucho y a mí me duele ahora un poco la cabeza.	Nein, eigentlich habe ich keine Lust. Man muss viel denken und ich habe ein bisschen Kopfschmerzen.
Entonces mejor jugar a otra cosa más relajada, una partida de cartas por ejemplo, podemos llamar a Luisa y Juan y jugar al mus. Con el mus se lo pasa uno pipa.	Dann ist es besser, etwas anderes zu spielen, das mehr entspannt, ein Kartenspiel z. B., wir können Luisa und Juan anrufen und Mus spielen (span. Kartenspiel). Mit Mus amüsiert man sich köstlich.
Pero yo no sé jugar al mus …	Aber ich kann nicht Mus spielen.
Vaya hombre, pues no sabes lo que te pierdes. Hay que tener picardía para jugar bien, porque hay que tener maña para saber hacerle a la pareja determinadas señas sin que los otros se den cuenta.	Ach du liebe Zeit, du weißt nicht, was du versäumst. Man muss pfiffig sein, um gut zu spielen, denn man muss geschickt dem Partner bestimmte Zeichen geben können, ohne dass die anderen es merken.
Parece divertido …	Das scheint lustig zu sein …
Si te animas a jugar una partida, puedes ser mi pareja para que vayas aprendiendo.	Wenn du dich aufraffst, eine Partie zu spielen, kannst du mein Partner sein, damit du es lernst.
No sé … la verdad es que no … no me gusta mucho jugar a las cartas.	Ich weiß nicht …, eigentlich … spiele ich nicht sehr gern Karten.

¡ Vaya por Dios! ¿Y a ti qué te gusta? Podríamos jugar a las damas que no es tan complicado como el ajedrez, o al parchís que tiene su emoción ...

Du lieber Himmel! Was gefällt dir denn? Wir könnten Dame spielen, das ist nicht so kompliziert wie Schach, oder Halma, was auch seinen Reiz hat ...

La verdad es que todos esos juegos me aburren bastante.

Eigentlich langweilen mich alle diese Spiele ziemlich.

¡Tú sí que eres aburrido!

Du bist es, der langweilig ist.

Que os parece si nos jugamos estos cafés a los chinos, el que pierda los paga todos.

Was haltet ihr davon, wenn wir diese Kaffees ausknobeln, der Verlierer zahlt alle.

¿Cómo que a los chinos? ¿Qué es eso? ¡Yo no sé jugar!

Was heißt „a los chinos"? Was ist das? Ich kann nicht spielen!

¡Anda éste! ¡En qué mundo vives! ¡Pero si es la mar de fácil! Nosotros muchas veces nos jugamos así a ver quien paga la cerveza o el café.

Schau dir den an! In welcher Welt lebst du! Das ist kinderleicht! Wir spielen das oft, um zu sehen, wer das Bier oder den Kaffee zahlt.

¿Cómo se hace?

Wie geht das?

Es muy fácil, sólo se necesitan tres monedas, o tres chinas o cualquier cosa así, y todos los que juegan, en corro, tienen que sacar dentro de la mano cerrada tres, dos, una o „blancas", o sea, ninguna moneda.

Das ist ganz leicht, man braucht nur drei Münzen oder drei Steinchen oder etwas Ähnliches und alle, die spielen, im Kreis, müssen in der geschlossenen Hand drei, zwei, eine oder blank haben, d. h. keine Münzen.

¿Y los otros tienen que adivinar cuantas tiene?

Und die anderen müssen raten, wie viele er hat?

No, no es así. Por orden se empieza a decir cuántas monedas calcula uno que hay en total en las manos de todos. El que acierta el número gana.

Nein, so geht es nicht. Der Reihe nach fängt man an zu sagen, wie viele Münzen man insgesamt in allen Händen schätzt. Wer es errät, gewinnt.

Pero el último tiene ventaja, porque ya tiene pistas según lo que hayan dicho los otros.

Aber der Letzte ist im Vorteil, denn er hat bereits einige Hinweise entsprechend dem, was die anderen gesagt haben.

Claro, no sólo es cuestión de suerte sino también de astucia. En la siguiente ronda se va rotando y es otro el que dice primero.

Natürlich, es ist nicht nur Glück, sondern auch Schlauheit. In der nächsten Runde wechselt man ab und ein anderer sagt es nun zuerst.

Me parece divertido, ¡vamos a jugarnos los cafés!

Das klingt lustig, lasst uns doch die Kaffees ausspielen.

10.2 Fotografía	10.2 Fotografieren
¿Quieres ver las fotos que hicimos en las vacaciones? Las llevé a revelar hace unos días y las he recogido esta mañana.	Möchtest du die Fotos sehen, die wir in den Ferien gemacht haben? Ich habe sie vor einigen Tagen zum Entwickeln gebracht und sie heute Morgen abgeholt.
¡Oye, las fotos están muy bien! ¡Son realmente buenas!	Hör mal, die Fotos sind sehr gut! Sie sind wirklich gut!
Hombre, me alegra que digas eso tú, que eres casi un profesional.	Mann, das freut mich, dass gerade du das sagst, wo du beinahe ein Profi bist.
Pues están muy bien de luz y el encuadre es muy bueno. ¿Qué película has usado?	Nun, sie sind sehr gut belichtet, und der Ausschnitt ist sehr gut. Was für einen Film hast du genommen?
Siempre compro los carretes de la marca X.	Ich kaufe immer Filme der Firma X.
¿Haces siempre fotos o también diapositivas?	Machst du immer Fotos oder auch Dias?
A mí me gusta más hacer fotos, pero también tengo bastantes diapositivas, sobre todo las que hice cuando estuve de viaje por Africa. Pero no tengo proyector, así que quiero comprarme uno.	Ich mache lieber Fotos, aber ich habe auch ziemlich viele Dias, vor allem die, die ich auf meiner Afrikareise gemacht habe. Aber ich habe keinen Projektor, deshalb will ich einen kaufen.
¿Y qué cámara tienes?	Und was für eine Kamera hast du?
Una de bolsillo, normalita, sin muchas complicaciones porque yo no entiendo mucho de fotografía, pero que hace fotos muy buenas, ya ves. Y además para lo que yo la uso, que es más que nada para las vacaciones, me sobra y me basta.	Eine kleine, ganz gewöhnliche Pocketkamera, ohne viele Komplikationen, denn ich verstehe nicht viel vom Fotografieren, aber sie macht ganz gute Fotos, wie du siehst. Außerdem, wofür ich sie brauche, das ist eigentlich nur für den Urlaub, und dafür reicht sie völlig.

10.3 Vacaciones

10.3 Ferien und Urlaub

10.3.1 Preparativos

10.3.1 Vorbereitungen

Hay que ir pensando donde nos vamos a ir en semana santa, si es que nos vamos a ir a algún sitio, porque el tiempo se nos está echando encima, quedan sólo dos semanas.

Wir müssen darüber nachdenken, wohin wir in der Karwoche fahren, denn wenn wir irgendwohin fahren wollen, wird uns die Zeit knapp, denn es sind nur noch zwei Wochen.

Por eso he traído estos folletos de propaganda.

Deshalb habe ich diese Prospekte mitgebracht.

Hombre, me alegro de que te hayas acordado, ya empezaba a creer que no tenías interés en que salieramos.

Mann, ich freue mich, dass du daran gedacht hast, ich fing schon an zu glauben, du hättest kein Interesse am Wegfahren.

Pues te equivocas, estoy deseando marcharme unos días a respirar buen aire, porque estoy muy harto de todo esto …

Nun, du irrst dich, ich sehne mich danach, einige Tage wegzufahren und gute Luft zu atmen, denn ich habe das alles ziemlich satt.

A ver si hay alguna buena oferta … ¡Mira, mira! Un circuito por Amsterdan, gran crucero por el Rhin y luego Ratisbona, Munich, Constanza, Basilea y Zurich.

Mal sehen, ob es ein gutes Angebot gibt … Sieh mal! Eine Rundfahrt durch Amsterdam, eine große Kreuzfahrt auf dem Rhein und dann Regensburg, München, Konstanz, Basel und Zürich.

¿No será todo eso en autocar, no?

Das wird doch nicht alles per Bus sein, oder?

¡No hombre! ¿No ves que es un circuito combinado?, vas en avión hasta Amsterdan, luego haces todo el resto en unos autocares supercómodos, menos lo del Rhin, claro, y desde Zurich vuelves en avión.

Nein, Mann! Siehst du nicht, dass das eine kombinierte Rundreise ist? Du fliegst bis Amsterdam, dann legst du den Rest in superbequemen Reisebussen zurück, außer der Fahrt auf dem Rhein natürlich, und von Zürich fliegst du zurück.

No sé, no sé … A mí por esas latitudes, la verdad es que para pasar frío y que nos esté lloviendo todas las vacaciones, yo casi preferiría ir a algún sitio donde haga mejor clima.

Ich weiß nicht recht … In diesen Breitengraden, wenn wir womöglich frieren müssen und es uns vielleicht den Urlaub verregnet, würde ich eigentlich lieber irgendwohin fahren, wo besseres Klima ist.

¡Hay que ver cómo eres!, contigo no puede uno salir siempre de lo mismo. A mí me atraen mucho estos países de Europa Central, tan ordenados, tan limpios, tan …	Mein Gott, was bist du nur für einer! Mit dir kann man immer nur das Gleiche machen. Mich reizen diese mitteleuropäischen Länder sehr, sie sind so ordentlich, so sauber, so …
Tan aburridos. Y además ¿te has fijado en lo que cuesta eso? Para eso mira este otro viaje: diez días en las Islas Canarias, con hotel de lujo en Tenerife, en primera línea de playa, con excursiones a las otras islas. Te sale más barato y no te pegas una paliza de autocar.	So langweilig. Und außerdem, hast du gesehen, was das alles kostet? Schau dafür einmal diese andere Reise an: zehn Tage auf den Kanarischen Inseln, mit Luxushotel in Teneriffa, in vorderster Linie am Strand, mit Ausflügen zu den anderen Inseln. Das kommt billiger und du hast nicht die Strapaze mit dem Bus.
¡Ah no! ¡Yo otra vez a la playa, no!	Nein, bitte nicht! Nicht wieder an den Strand!
Pues no sé porqué le has cogido tú ahora manía a la playa, con lo que te gustaba antes. ¡Se te ha metido en la cabeza que no y tiene que ser que no por narices!	Nun, ich weiß nicht, was du auf einmal gegen den Strand hast, wo er dir doch früher so gefallen hat. Du hast es dir in den Kopf gesetzt, dass es das nicht sein soll, und nun soll es das nicht sein, komme was wolle.
Y tú dale que dale con la playa. Yo te digo que para ver lo de siempre que no voy. Y no digo más. Si quieres podemos ver una tercera posibilidad.	Und du, nichts wie an den Strand. Ich sage dir, um zu sehen, was ich immer sehe, fahre ich nicht. Mehr sage ich nicht. Wenn du willst, können wir eine dritte Möglichkeit ins Auge fassen.
Este año nos vamos de vacaciones en el mes de octubre.	Dieses Jahr gehen wir im Oktober in Urlaub.
Hacéis muy bien, es más barato que en temporada alta y más tranquilo. En julio y agosto no hay quien pare en ninguna parte, todo está a rebosar y además más caro.	Da tut ihr gut daran, es ist billiger als in der Hochsaison und ruhiger. Im Juli und August kannst du nirgendwohin gehen, alles ist zum Überlaufen voll und viel teurer.
¿Cuándo os váis vosotros?	Wann geht ihr in Urlaub?
No tenemos más remedio que irnos como siempre en agosto, yo preferiría también irme antes o después, porque puedo cogerme las vacaciones cuando quiera, pero con los niños en el colegio es imposible.	Uns bleibt nichts anderes übrig, als wie immer im August zu gehen, ich würde auch lieber vorher oder nachher gehen, denn ich kann Urlaub nehmen, wann ich will, aber mit den Kindern in der Schule ist das unmöglich.
¿Y dónde tenéis pensado ir?	Und wohin habt ihr vor zu fahren?

Pues estamos dudando todavía entre el mar y la montaña, pero lo más seguro es que terminemos yéndonos al mar. A los niños les sienta muy bien y además a ellos les gusta más, se divierten más en la playa.

Nun, wir wissen noch nicht, ob ans Meer oder in die Berge, aber sicherlich werden wir schließlich wieder ans Meer fahren. Den Kindern bekommt es gut und es gefällt ihnen auch besser, sie amüsieren sich besser am Strand.

Este año nos vamos a Turquía de vacaciones.

Dieses Jahr fahren wir in die Türkei in Urlaub.

¡Qué bien! ¿Y cómo vais? ¿En un viaje organizado o por libre?

Wie schön! Und wie fahrt ihr? In einer organisierten Reise oder unabhängig?

En principio queríamos ir en nuestro coche, porque no nos gustan mucho los viajes organizados. No tienes libertad de pararte donde se te antoje o de ir adonde te venga en gana fuera del recorrido.

Eigentlich wollten wir mit unserem Auto fahren, denn wir mögen organisierte Reisen nicht sehr. Du bist nicht frei, zu halten, wo es dir Spaß macht, oder zu gehen, wohin du Lust hast außerhalb der Reiseroute.

Eso es verdad, pero muchas veces sale más barato.

Das stimmt, aber oft ist es billiger.

Sí, y además te evitas riesgos. Imagínate que se te avería el coche por ahí, sin saber ni papa de turco ni de nada que se le parezca, ¡menudo lío!

Ja, und außerdem vermeidest du Risiken. Stell dir vor, dein Auto hat dort eine Panne, ohne dass du auch nur einen Piep Türkisch sprichst oder etwas dergleichen, das wäre ganz schön schlimm!

O para buscar hoteles si no encuentras, la verdad es que tiene más riesgos pero también más aventura.

Oder um ein Hotel zu suchen, wenn du nichts findest, das birgt eigentlich mehr Risiken, aber auch mehr Abenteuer.

¿Quánto tiempo pensáis pasar en Salamanca?

Wie lange wollt ihr in Salamanca bleiben?

Sólo tres o cuatro días para conocer lo más importante de la ciudad.

Nur drei oder vier Tage, um das Wichtigste der Stadt zu sehen.

¿Y habéis reservado ya habitación en algún hotel?

Habt ihr schon ein Zimmer in einem Hotel reserviert?

Pues no, la verdad es que no se me había pasado por la cabeza la idea. ¿Te parece que es necesario hacer una reserva?

Nein, um ehrlich zu sein, das ist mir noch nicht in den Kopf gekommen. Meinst du, es ist nötig zu reservieren?

¡Hombre!, siempre habrá algo libre, pero te arriesgas a dar un montón de vueltas y al final tenerte que meter en cualquier parte. Además en esta época hay muchos turistas y estará casi todo completo. Yo te recomendaría que hagas la reserva desde aquí.

Mann, es ist immer irgendetwas frei, aber du riskierst, viel herumzufahren und dann irgendwohin gehen zu müssen. Außerdem sind zu dieser Zeit viele Touristen dort und es wird fast alles voll sein. Ich würde dir empfehlen, von hier aus zu reservieren.

Me parece que nos estamos excediendo con el equipaje. ¡Tres maletas llenas y todavía no hemos empezado a meter las cosas de los niños!

Ich glaube, wir übertreiben mit dem Gepäck. Es sind schon drei Koffer voll und wir haben noch nicht einmal angefangen, die Sachen der Kinder einzupacken!

Oye es verdad. No sé cómo vamos a meter todo en el coche. Desde luego que todo no entra en el maletero. Se lía uno a echar y a echar ...

Ja, das stimmt. Ich weiß nicht, wie wir das alles im Auto verstauen wollen. Natürlich geht nicht alles in den Kofferraum. Man kommt ganz durcheinander, wenn man immer noch mehr dazupackt.

Y lo malo es que luego sobre casi todo. Me parece que deberíamos sacar algunas cosas y en lugar de esta maleta, intentar meterlo todo en el bolso marrón.

Und das Schlimme ist, dass dann fast alles überflüssig ist. Mir scheint, wir sollten ein paar Sachen herausnehmen und statt dieses Koffers versuchen, alles in die braune Tasche zu packen.

Tengo intención de hacer un largo viaje por Sudamérica.

Ich habe vor, eine lange Reise durch Südamerika zu machen.

¿Tienes ya todo preparado?

Hast du schon alles vorbereitet?

Me tengo que informar todavía del papeleo, porque quizá para entrar a algunos países me pidan un visado. ¿Tú tienes idea de cómo es la cosa?

Ich muss mich noch nach den Formalitäten erkundigen, denn vielleicht verlangt man für einige Länder ein Visum. Hast du eine Ahnung über den Stand der Dinge?

Depende del tiempo que te quieras quedar, me imagino que si es para ir como turista durante unas semanas no necesitarás más que un visado de tránsito que te harán al llegar. De todas formas, para evitar problemas, lo mejor es que te informes en las embajadas.

Das hängt davon ab, wie lange du bleiben willst, wenn du als Tourist einige Wochen bleiben willst, wirst du nicht mehr als ein Transitvisum brauchen, das du bei der Ankunft erhältst. Trotzdem, um Probleme zu vermeiden, ist es das Beste, dich in den Botschaften zu informieren.

Pienso ir mañana a informarme, aprovechando que también tengo que ir a la policía a renovar mi pasaporte que caduca dentro de dos meses.

Morgen gehe ich, um mich zu informieren, ich nutze es aus, dass ich auch zur Polizei muss, um meinen Pass zu erneuern, der in zwei Monaten abläuft.

Te tendrás que poner algunas vacunas, me imagino, sobre todo si vas por zonas tropicales.	Du wirst einige Impfungen über dich ergehen lassen müssen, stelle ich mir vor, vor allem, wenn du in tropische Gebiete fährst.
Sí, también quiero ir mañana a informarme de eso, creo que tengo que empezar a tomarme con alguna antelación de tiempo unas pastillas para prevenir la malaria, y alguna otra vacuna también recomiendan.	Ja, auch darüber will ich mich morgen informieren, ich glaube, ich muss einige Zeit im Voraus einige Tabletten nehmen, um der Malaria vorzubeugen, und es wird auch die eine oder andere Impfung empfohlen.
¿Crees que será mejor cambiar el dinero antes de salir de viaje o lo cambiamos al llegar allí?	Glaubst du, es wird besser sein, vor Antritt der Reise Geld zu wechseln, oder wechseln wir bei der Ankunft dort?
Es igual, no ganas ni pierdes en el cambio con hacerlo aquí o allá.	Das ist egal, du gewinnst oder verlierst nichts, wenn du es hier oder dort tust.
El dinero se puede cambiar en cualquier banco sin dificultad.	Man kann in jeder Bank ohne Schwierigkeiten Geld wechseln.
¿Sabes a cuánto está el cambio con el dólar?	Weißt du, wie der Dollar steht?
Creo que ha bajado bastante la cotización últimamente.	Ich glaube, er ist in letzter Zeit ziemlich gefallen.
Yo suelo llevar siempre cheques de viaje, me parece más seguro que llevar todo el dinero encima.	Ich habe gewöhnlich immer Reiseschecks dabei, das erscheint mir sicherer, als das ganze Geld bei mir zu haben.
En los viajes utilizo mucho la tarjeta de crédito y llevo poco dinero.	Auf den Reisen benutze ich viel Kreditkarten und habe wenig Geld bei mir.

10.3.2 Frontera / *10.3.2 Grenze*

¿Cuánto falta para llegar a la frontera?	Wie weit ist es noch bis zur Grenze?
Creo que ya estamos llegando.	Ich glaube, wir sind gleich da.
Espero que no haya mucha cola para pasar. La última vez tuvimos que esperar más de una hora.	Ich hoffe, dass dort keine lange Schlange wartet. Das letzte Mal mussten wir mehr als eine Stunde warten.
Me permite ver su pasaporte, por favor.	Kann ich bitte Ihren Pass sehen?

¿Cuál es la finalidad de su viaje?	Was ist der Zweck Ihrer Reise?
Vengo de vacaciones.	Ich fahre in Urlaub.
¿Cuánto tiempo piensa permanecer en el país?	Wie lange wollen Sie im Land bleiben?
Tres semanas.	Drei Wochen.
¿Tiene algo que declarar?	Haben Sie etwas zu verzollen?
Sólo traigo un cartón de tabaco. ¿Tengo que pagar algo?	Ich habe nur eine Stange Zigaretten. Muss ich etwas bezahlen?
No, puede usted pasar. ¡Buena estancia!	Nein, sie können durchfahren. Einen schönen Aufenthalt!

10.3.3 Hotel / *10.3.3 Hotel*

Buenas tardes, quisiera una habitación para dos personas.	Guten Abend, ich hätte gerne ein Zimmer für zwei Personen.
¿Por cuánto tiempo, señor?	Für wie lange, mein Herr?
Para cuatro días.	Für vier Tage.
Lo siento mucho, pero la única habitación doble que tenemos libre está reservada a partir de mañana. Pueden quedarse hoy si lo desean, pero tienen que dejarla libre mañana antes de mediodía.	Das tut mir sehr leid, aber das einzige Doppelzimmer, das wir haben, ist ab morgen reserviert. Sie können heute bleiben, wenn Sie wollen, aber Sie müssen das Zimmer morgen Vormittag räumen.
¿Cuánto cuesta la habitación?	Wie viel kostet das Zimmer?
Ochenta euros, con desayuno incluído.	Achtzig Euro, inklusive Frühstück.
¿Qué te parece, Pilar? ¿Nos quedamos aquí por hoy o buscamos otro sitio ahora?	Was meinst du, Pilar? Bleiben wir für heute hier, oder suchen wir jetzt etwas anderes?
Como te parezca, tú verás lo cansado que vienes del viaje. A mí me da igual.	Wie du meinst, du musst das sehen, so müde wie du von der Reise bist. Mir ist es egal.
No sé, cambiarse mañana va a ser otro lío, pero yo no tengo ganas de buscar ahora, y luego que lo mismo ya no vamos a encontrar nada libre a las horas que son. Yo diría de quedarnos …	Ich weiß nicht, morgen umziehen ist wieder ein Umstand, aber ich habe keine Lust, jetzt weiterzusuchen, und dann noch mal das Gleiche, dass wir zu dieser Stunde nichts Freies mehr finden. Ich würde sagen, dass wir bleiben …
Vale, nos quedamos aquí esta noche. ¡Oiga! ¿Podríamos ver la habitación?	In Ordnung, wir bleiben diese Nacht hier. Hören Sie bitte! Könnten wir das Zimmer sehen?

¡Como no! Es la habitación 304. Ya les acompañan.	Selbstverständlich! Es ist das Zimmer 304. Man wird Sie gleich begleiten.
¿Les gusta la habitación?	Gefällt Ihnen das Zimmer?
Sí, nos quedamos.	Ja, wir bleiben hier.
Rellenen, por favor, esta ficha.	Füllen Sie bitte dieses Formular aus.
¿Necesita el pasaporte?	Brauchen Sie den Pass?
No es necesario, gracias. Aquí tiene Vd. las llaves de su habitación.	Das ist nicht nötig, danke. Hier haben Sie die Schlüssel für Ihr Zimmer.
¿Puedo dejar algunas cosas en la caja de seguridad?	Kann ich ein paar Sachen im Safe lassen?
Por supuesto.	Selbstverständlich.
¿A qué hora se puede desayunar?	Um wie viel Uhr kann man frühstücken?
Desde las siete hasta las once, hay buffet libre.	Von sieben bis elf Uhr, wir haben ein Frühstücksbüfett.
¿Nos pueden despertar a las siete, por favor?	Können Sie uns bitte um sieben Uhr wecken?

10.3.4 Camping — *10.3.4 Camping*

¡Ahí está el camping! ¡Creía que no llegábamos nunca!	Dort ist der Campingplatz! Ich dachte schon, wir würden nie ankommen.
Y yo. Ya estoy hasta el gorro de viaje. Estoy deseando plantar la tienda rápidamente y dormirme.	Und ich erst! Ich habe schon die Nase voll vom Fahren. Ich möchte nur schnell das Zelt aufstellen und schlafen.
Buenas noches. Queremos acampar aquí: dos personas, una tienda y un coche.	Guten Abend. Wir möchten hier zelten: zwei Personen, ein Zelt und ein Auto.
Rellenen esta ficha y déjenme sus pasaportes, por favor. Pueden elegir el sitio que prefieran. Pongan este número en la tienda y en el coche, por favor.	Füllen Sie dieses Formular aus und geben Sie mir bitte ihre Pässe. Sie können den Platz aussuchen, der Ihnen gefällt. Befestigen Sie bitte diese Nummer auf dem Zelt und dem Wagen.
Oye, este camping tiene muy buena pinta, y además hay muy poca gente.	Hör mal, dieser Campingplatz sieht sehr gut aus, und außerdem sind sehr wenig Leute hier.

Es lo bueno de venir en esta época, que hay siempre menos turistas. ¿Dónde nos plantamos?	Das ist das Gute, wenn man zu dieser Zeit kommt, es sind immer weniger Touristen hier. Wo stellen wir uns hin?
Yo prefiero cerca del mar, me encanta dormirme con el ruido de las olas de fondo.	Ich möchte lieber nahe ans Meer, ich liebe es, mit dem Geräusch der Wellen im Hintergrund zu schlafen.
Pues vamos para allá entonces, pero que sea un sitio con sombra también ¿eh?, porque si no, en cuanto salga el sol, con el calor que está haciendo nos asamos vivos dentro de la tienda, y yo no tengo ganas de madrugar.	Dann lass uns dorthin gehen, aber es soll ein Platz mit Schatten sein, ja! Denn wenn das nicht der Fall ist, werden wir bei der Hitze lebendig im Zelt gebraten, sobald die Sonne herauskommt, und ich habe keine Lust, früh aufzustehen.
Oye, pues tampoco nos vamos a levantar a las tantas, porque tenemos que ir a visitar la ciudad.	Höre mal, aber wir werden auch nicht weiß Gott wie spät aufstehen, denn wir müssen uns die Stadt ansehen.
Bueno, pero tampoco nos vamos a dar el madrugón por eso. Tenemos tiempo durante todo el día.	Gut, aber deswegen werden wir auch nicht allzu früh aufstehen. Wir haben den ganzen Tag Zeit.
Tú es que duermes como una marmota, pero recuerda que tenemos que comprar comida y una botella de camping-gas, y mañana que es sábado lo mismo está todo cerrado por la tarde.	Du schläfst ja wie ein Murmeltier, aber denk daran, dass wir noch Lebensmittel kaufen müssen und eine Flasche Butangas, und morgen ist Samstag, da kann ebensogut am Nachmittag alles geschlossen sein.
Eso es verdad, pero seguro que aquí en el camping hay una tiendecita para comprar.	Das stimmt, aber sicherlich ist hier auf dem Campingplatz ein kleines Geschäft, wo man einkaufen kann.
Sí que hay, pero a mí me gustaría ir a comprar al mercado, se ve muy bien la vida de la ciudad.	Natürlich gibt es das, aber ich würde gern auf dem Markt einkaufen, dort sieht man das Stadtleben sehr gut.
Eso me parece buena idea. Sería suficiente con que nos levantemos a las ocho.	Das scheint mir eine gute Idee zu sein. Es wird reichen, wenn wir um acht Uhr aufstehen.
Me parece muy buena hora. Ahora vamos a montar la tienda.	Das ist eine sehr gute Zeit. Und jetzt stellen wir das Zelt auf.
¡Anda! ¡No nos hemos traído el martillo para clavar las piquetas!	Ach du liebe Zeit! Wir haben den Hammer nicht dabei, um die Heringe einzuschlagen!

¡Da igual, hombre!, coge una piedra, ¿no ves que hay un montón?	Das ist egal, Mensch! Nimm einen Stein, siehst du nicht, dass es davon eine Menge gibt?
Sí, ya estoy viendo todas las que hay. Tantas que no sé dónde poner la tienda.	Ja, ich sehe sie alle. So viele, dass ich nicht weiß, wo ich das Zelt hinstellen soll.
Mira, ahí detrás de esas dos rocas se ve el suelo muy liso y cubierto de hierba. Nos podemos poner ahí.	Sieh mal dort, hinter den beiden Felsen, sieht der Boden sehr eben und mit Gras bedeckt aus. Dort können wir uns hinstellen.
Vale, vamos. ¿Y las piquetas? ¡No están aquí dentro de la tienda! ¿No nos las habremos dejado también?, porque entonces si que nos lucimos … ¡Nos toca dormir al raso!	Gut, gehen wir. Und die Heringe? Sie sind nicht im Zelt! Wir werden sie doch nicht auch vergessen haben? Dann stehen wir schön dumm da. Dann dürfen wir im Freien schlafen.
¡No hombre, no! Están en la bolsa roja de plástico.	Nein, Mann! Sie sind in der roten Plastiktüte.
Tira bien de ahí para que se quede tirante y sin arrugas. Se está levantando brisita, ¿eh?	Zieh dort gut fest, damit es gespannt und ohne Falten ist. Es kommt ein Windchen auf, eh!
Lo mismo llueve …	Es könnte auch regnen …
Calla, no seas pájaro de mal agüero. ¡Si apenas hay nubes! Sólo nos faltaba eso, con lo veraniegos que nos hemos venido. ¡Yo no me ha traído ni siquiera un chubasquero!	Sei still, sei kein Schwarzseher. Es sind ja kaum Wolken da! Das würde uns gerade noch fehlen, so sommerlich wie wir gekleidet sind. Ich habe nicht einmal Regenkleidung mitgenommen!
Pues tú dirás lo que quieras, pero a mí esto me huele a lluvia. ¡Vamos a darnos prisa! Mientras vas clavando voy a sacar del coche los sacos de dormir y los colchones inflables.	Nun, du kannst sagen, was du willst, aber dies sieht mir ganz nach Regen aus. Lass uns schnell machen! Während du die Heringe einschlägst, hole ich die Schlafsäcke und die Luftmatratzen aus dem Auto.
¡Maldita sea! Parece que no, pero esto está llendo de piedras. Por eso hay tan pocos en este camping. El que tenga que montar una vez una tienda en este suelo no lo vuelve a hacer otra vez.	Verdammt noch mal! Es sieht nicht so aus, aber hier ist alles voller Steine. Deshalb sind so wenige Leute auf diesem Campingplatz. Wer einmal auf diesem Boden ein Zelt aufstellen musste, wird es nie wieder tun.
Pues es un camping de primera categoría, según la guía.	Nun, nach dem Führer ist es ein Zeltplatz der ersten Kategorie.
Pues será para los que vienen en roulotte o en autocaravana …	Das mag er für die sein, die mit Wohnwagen oder Wohnmobil kommen …

¡Listo! La tienda a quedado que no la mueve un huracán. Me voy a dar una ducha ahora mismito y luego a dormir.

Fertig! Das Zelt ist jetzt so, dass es nicht einmal ein Orkan bewegt. Ich werde gleich duschen und dann schlafen.

Las duchas calientes son de fichas, tienes que comprarlas en la caseta de recepción.

Die warmen Duschen sind Münzduschen, du musst sie in der Rezeption kaufen.

¡Vaya, hombre!, encima de lo que cobran … Bueno, qué le vamos a hacer, podemos ir dando un paseíto. ¿Me acompañas?

Ganz schön! Zu dem, was sie schon verlangen … Gut, was können wir machen, wir können einen Spaziergang machen. Kommst du mit?

11. Medios de Transporte

11. Verkehrsmittel

11.1 Coche

11.1 Auto

¿Cómo vas al trabajo?

Wie kommst du zur Arbeit?

Voy siempre en coche, porque desde mi casa hay muy mala combinación.

Ich fahre immer mit dem Auto, denn von mir zu Hause aus sind die Verbindungen sehr schlecht.

Pero con los atascos que hay siempre en el centro, tardarás un montón en llegar.

Aber bei den ewigen Staus im Zentrum brauchst du doch sicher sehr lange.

Pues a la ida no tengo problema, porque empiezo a trabajar muy pronto y a esa hora todavía no está el tráfico demasiado mal, pero a la vuelta es terrible, hay veces que tardo más de hora y media en volver a casa.

Nun, auf dem Hinweg gibt es keine Probleme, denn ich fange sehr früh an zu arbeiten und um diese Zeit ist der Verkehr noch nicht so schlimm, aber der Rückweg ist schrecklich; manchmal brauche ich mehr als eineinhalb Stunden, um nach Hause zu kommen.

Yo, como no tengo coche, siempre utilizo los transportes públicos. Primero cojo el tren de cercanías para llegar hasta el centro, luego desde allí el metro, hago un trasbordo y voy hasta el final de la línea 3, allí tengo que coger el autobús de la línea 62 para llegar hasta la oficina.

Da ich kein Auto habe, benutze ich immer die öffentlichen Verkehrsmittel. Zuerst nehme ich den Nahverkehrszug zum Zentrum, dann von dort die U-Bahn, steige einmal um und fahre bis zur Endstation der Linie 3, dort nehme ich den Bus Nr. 62, um zum Büro zu kommen.

¡Qué barbaridad! ¡Tú sí que te pasarás media vida en el transporte!

Das ist ja Wahnsinn! Du verbringst wirklich das halbe Leben unterwegs!

No te creas, porque tardo menos que tú. En una hora y cuarto, aproximadamente, llego de casa al trabajo. La combinación es buena, aunque eso sí, a las horas punta si no coges asiento vas como sardina en lata.

Glaub das nicht, denn ich brauche nicht so lange wie du. In eineinviertel Stunden komme ich von zu Hause zur Arbeit. Die Verbindung ist gut, aber klar, wenn du zu den Stoßzeiten fährst und keinen Sitzplatz hast, fährst du wie eine Sardine in der Dose.

Yo no aguanto el metro, a veces sí voy en autobús, pero el metro me agobia muchísimo, no soporto estar encerrado así …

Ich ertrage die U-Bahn nicht, manchmal fahre ich zwar mit dem Bus, aber in der U-Bahn ersticke ich fast, ich kann es nicht leiden, so eingepfercht zu sein …

A mí no me importa, me parece que es lo más seguro. Siempre llegas a tiempo, no tienes que temer a los atascos, y además as bastante barato.

Mir macht das nichts aus, ich finde, das ist am sichersten. Du kommst immer rechtzeitig an, du brauchst keinen Stau zu fürchten, und außerdem ist es ziemlich billig.

Cerca de mi casa pasa la nueva línea que están construyendo. Con sólo cinco estaciones puedes estar en el centro, quizá sea cuestión de pensárselo entonces y usar el transporte público.

Bei mir in der Nähe führt die neue Linie vorbei, die sie gerade bauen. Mit nur fünf Stationen bist du im Zentrum, vielleicht sollte man sich das dann mal überlegen und die öffentlichen Verkehrsmittel benutzen.

11.1.1 Equipamiento, mantenimiento y seguro

11.1.1 Ausrüstung, Wartung und Versicherung

¿Sabes que me he comprado un coche?

Weißt du, dass ich mir ein Auto gekauft habe?

¡No me digas! ¿Nuevo o de segunda mano?

Tatsächlich! Neu oder gebraucht?

Nuevo, a estrenar.

Neu, zum ersten Mal gefahren.

¿Y qué coche es?

Was für ein Auto ist es?

Uno pequeño, para la ciudad es lo mejor, porque ya sabes, con los problemas de aparcamiento que hay, cuanto más pequeño más fácil dejarlo en cualquier parte.

Ein kleines, für die Stadt ist das am besten, denn du weißt ja, bei den Problemen mit dem Parken kann man es überall stehen lassen, je kleiner, desto besser.

Es verdad. Yo he optado por ir al trabajo en autobús, porque como trabajo en el mismo centro nunca encuentro aparcamiento, y pagar un parking todos los días me saldría carísimo, así que apenas lo muevo.

Das stimmt. Ich habe mich dafür entschieden, mit dem Bus zur Arbeit zu fahren, denn da ich mitten im Zentrum arbeite, finde ich nie einen Parkplatz, und jeden Tag einen Parkplatz zu bezahlen, kommt wahnsinnig teuer, auf diese Weise bewege ich es kaum.

A mí en cambio me era imprescindible. Ya sabes que por mi trabajo tengo que andar todo el día de un lado para otro, y el coche que tenía era ya una tartana que se caía a pedazos de viejo.

Für mich war es hingegen unerlässlich. Du weißt ja, bei meiner Arbeit muss ich den ganzen Tag von hier nach dort fahren, und das Auto, das ich hatte, war eine alte Klapperkiste, die fast schon auseinanderfiel vor Altersschwäche.

¿Qué has hecho con él? ¿Lo has podido vender?

Was hast du damit gemacht? Konntest du es verkaufen?

¡Quién iba a querer semejante chatarra!, lo he llevado al desguace y con lo que me han dado tendré para la gasolina de este mes.

Wer hätte so ein Schrottauto schon gewollt! Ich habe es zum Schrotthändler gebracht, und das, was ich dafür bekommen habe, reicht für das Benzin für diesen Monat.

¿El nuevo es de gasolina o un diesel?

Ist das neue ein Benziner oder ein Diesel?

De gasolina, marcha con gasolina sin plomo y además tiene un catalizador, para que contamine menos.

Ein Benziner, es fährt mit bleifreiem Benzin und hat außerdem einen Katalysator, damit es die Luft weniger verschmutzt.

Eso está muy bien, debería ser obligatorio para todos los coches, porque en esta ciudad ya no hay quien respire. ¿Y te consume mucho?

Das ist gut, das müsste für alle Autos Pflicht sein, denn in dieser Stadt kann kein Mensch mehr atmen. Und verbraucht er viel?

¡Qué va! ¡No gasta nada! En carretera no llega a los cinco litros. Y va suave como la seda. Pero si le das caña corre que vuela. Tiene noventa caballos de potencia, que para un coche de ese tamaño es mucho.

Keineswegs! Er verbraucht nichts! Auf der Landstraße kommt er auf keine fünf Liter. Und er fährt sanft wie auf Seide. Aber wenn du ordentlich Gas gibst, läuft er so, dass er beinahe abhebt. Er hat 90 PS, was für ein Auto dieser Größe sehr viel ist.

¿Y de mecánica qué tal?

Und wie steht's mit der Mechanik?

Pues estos coches vienen dando muy buen resultado. Antes de comprarlo me informé muy bien, porque con lo que cuesta un coche es para pensárselo. Leí muchas revistas de coches y casi todas coincidían en que éste es el mejor de su clase.

Nun, diese Autos zeigen ein sehr gutes Ergebnis. Bevor ich ihn gekauft habe, habe ich mich gut informiert, denn bei dem, was ein Auto kostet, muss man sich das gut überlegen. Ich habe viele Autozeitschriften gelesen und beinahe alle waren sich einig, dass dieser der Beste seiner Klasse ist.

Lo que sale carísimo es el seguro.

Was sehr teuer kommt, ist die Versicherung.

¿Lo tienes a todo riesgo?

Hast du Vollkasko?

¡Qué va!, sólo daños a terceros, pero aun y así es bastante caro.

Aber nein, nur Teilkasko, aber auch so ist es ziemlich teuer.

¿Y dónde lo tienes?

Und wo steht es?

En la esquina mismo. Si quieres te lo enseño.

Hier gleich an der Ecke. Wenn du willst, zeige ich es dir.

¡Caramba! ¡Qué bonito! ¡Con llantas de aleación ligera y todo!	Alle Achtung! Wie schön! Mit Leichtmetallfelgen und allem Drum und Dran!
Pues sí, preferí gastar un poco más y ponerle unos cuantos extras.	Nun ja, ich wollte lieber etwas mehr ausgeben und einige Extras haben.
A ver por dentro … ¡Qué salpicadero más bonito! Y la tapicería me gusta un montón.	Lass ihn mal von innen sehen … Was für ein schönes Armaturenbrett! Und die Bezüge gefallen mir unheimlich!
Sí, y los asientos son abatibles. Sube. Vamos a dar una vuelta.	Ja, und die Sitze sind Liegesitze. Steig ein, wir drehen eine Runde.
¡Ah! ¡Tiene la cerradura centralizada!	Ah, es hat Zentralverriegelung!
Sí, claro, y elevalunas eléctrico. También lleva aire acondicionado, porque de fábrica sale sólo un poco más caro, pero ponérselo tú luego te cuesta mucho más, y ya sabes como es aquí el verano.	Ja klar, und elektrische Fensterheber. Es hat auch eine Klimaanlage, denn ab Fabrik kommt es nur ein bisschen teurer, aber wenn du sie im Nachhinein einbaust, kostet sie viel mehr, und du weißt ja, wie hier der Sommer ist.
Tiene cinco marchas, ¿verdad?	Es hat fünf Gänge, oder?
Sí. Hay otro modelo automático, pero a mí no me gustan los coches automáticos.	Ja. Es gibt auch ein Modell mit Automatik, aber ich mag keine Autos mit Automatik.
El motor es muy silencioso, apenas se nota.	Der Motor ist sehr leise, man hört ihn kaum.
También tiene servodirección.	Es hat auch Servolenkung.
Ya veo que le has puesto también un radio-cassett.	Ich sehe schon, du hast auch einen Radiorekorder eingebaut.
No, no, ya venía incorporado de fábrica.	Nein, nein, der war schon fabrikmäßig eingebaut.
¡Pues me estás dando una envidia tremenda!	Nun, mich überkommt der blanke Neid!
¿Tiene sistema antibloqueo de frenos?	Hast du ABS (Anti-Blockier-System)?
Sí, lo trae ya de serie. Lo que es opcional son muchas cosas de adorno.	Ja, das war serienmäßig eingebaut. Wahlweise gibt es noch viel Schmuckzubehör.

¿Le has hecho ya el rodaje?	Hast du ihn schon eingefahren?
Todavía está en rodaje. Ahora viene lo peor.	Er wird gerade eingefahren. Jetzt kommt das Schlimmste.
¿Y qué es lo peor?	Und was ist das Schlimmste?
Pues que hay que echarle gasolina. Ahí hay una gasolinera.	Nun, dass man Benzin einfüllen muss. Dort ist eine Tankstelle.
Lleno, por favor. Yo siempre echo gasolina aquí, porque no en todas partes encuentras todavía gasolina sin plomo.	Voll tanken, bitte. Ich tanke immer hier, denn du findest noch nicht überall bleifreies Benzin.
Ahí hay también un túnel de lavado.	Dort ist auch eine Waschstraße.
Sí, pero yo lo lavo en casa. Le enchufo la goma y listo.	Ja, aber ich wasche ihn zu Hause. Ich schließe den Schlauch an, und fertig.
¿Dónde quieres que te deje?	Wo soll ich dich absetzen?
Pues para por aquí donde puedas, porque está cerca la casa de Juan y me voy para allá dando una vuelta.	Nun hier, wo du kannst, denn das ist in der Nähe von Juans Wohnung und ich gehe dorthin nur ein paar Schritte.
¡Ni hablar! Te llevo hasta la puerta.	Das kommt nicht infrage! Ich bringe dich bis vor die Tür.

11.1.2 Taller / *11.1.2 Werkstatt*

Tengo que ir al taller para hacerle una revisión al coche, porque creo que algo no funciona bien. Hace un ruidito extraño que no sé qué puede ser y me preocupa.	Ich muss in die Werkstatt, um mein Auto zu einer Inspektion zu bringen, weil ich glaube, dass irgendetwas nicht richtig funktioniert. Da ist ein seltsames Geräusch, von dem ich nicht weiß, was es ist, und das beunruhigt mich.
Yo siempre llevo el coche al taller de la casa donde le compré. Allí tienen todos los repuestos necesarios y además me inspira más confianza.	Ich bringe mein Auto immer dorthin zur Inspektion, wo ich es gekauft habe. Dort haben sie alle nötigen Ersatzteile und außerdem habe ich dort mehr Vertrauen.
Yo siempre llevo el coche a un taller que conozco, me hacen las reparaciones rápido y barato, y estoy muy contento con ellos.	Ich bringe mein Auto immer in eine Werkstatt, die ich kenne, sie reparieren mein Auto schnell und preiswert, und ich bin sehr zufrieden mit ihnen.

Puede pasar a recoger el coche mañana por la tarde.	Sie können das Auto morgen Nachmittag abholen.
Le hemos cambiado a su coche el aceite, el filtro y el líquido de frenos. También le hemos puesto anticongelante. Sería conveniente que le cambie pronto las zapatas de los frenos y las cubiertas de las ruedas delanteras.	Wir haben bei Ihrem Auto Ölwechsel gemacht und den Filter und die Bremsflüssigkeit gewechselt. Wir haben ihn auch mit Frostschutzmittel versorgt. Es wäre gut, wenn Sie bald die Bremsbeläge wechseln würden und die Vorderräder.
Cámbienle también los limpiaparabrisas y midan la presión de las ruedas, por favor.	Bitte wechseln Sie auch die Scheibenwischer und messen Sie den Reifendruck.
Denle pintura en los arañazos y picaduras para que no se oxide.	Lackieren Sie die Kratzer und Flecken, damit sie nicht rosten.
El coche tiene un pequeño abollón en la puerta derecha y un intermitente fundido.	Das Auto hat eine kleine Delle an der rechten Tür und einen kaputten Blinker.

11.1.3 Documentación / *11.1.3 Fahrzeugpapiere*

¡El policía te está haciendo señas de que pares!	Der Polizist gibt dir Zeichen zum Halten!
Vamos a ver, yo creo que no he cometido ninguna infracción.	Mal sehen, ich glaube, dass ich keine Übertretung begangen habe.
Buenos días. ¿Me permite su permiso de conducir y los papeles del coche ...?	Guten Tag. Bitte Ihren Führerschein und Ihre Fahrzeugpapiere ...
¡Cómo no! ¡Aquí tiene!	Selbstverständlich! Hier sind sie!
¿Sabe Vd. a qué velocidad puede conducir por esta carretera?	Wissen Sie, wie schnell Sie auf dieser Straße fahren dürfen?
A 90 km. por hora.	90 Stundenkilometer.
¡Eso es! Y usted iba a 120 km. por hora. ¿Ha bebido Vd. algo?	Genau! Und Sie sind 120 gefahren. Haben Sie etwas getrunken?
Sólo una copa de vino.	Nur ein Glas Wein.
¿Quiere soplar aquí, por favor?	Würden Sie bitte hier hineinblasen?
Da negativo, pero Vd. iba demasiado rápido, así que voy a tener que sancionarle por exceso de verlocidad.	Das ist negativ, aber Sie sind zu schnell gefahren, deshalb muss ich Sie wegen Geschwindigkeitsüberschreibung bestrafen.

¡Te dije que no corrieras tanto, que te iban a poner una multa!

Ich habe dir gesagt, du sollst nicht so schnell fahren, dass du ein Strafmandat bekommen würdest!

Bueno, bueno … peor es que la prueba esa de alcoholemia hubiera dado positivo, entonces además de un multazo, lo mismo me quitan hasta el carné.

Ist schon gut, schlimmer wäre gewesen, wenn dieser Alkoholtest positiv gewesen wäre, und dann noch die Strafe, da können sie mir fast den Führerschein nehmen.

11.2 Bicicleta

11.2 Fahrrad

En realidad, lo mejor sería que todo el mundo fuera en bicicleta …

Es wäre wirklich das Beste, wenn alle Welt mit dem Fahrrad fahren würde.

¡Quita, quita! En una ciudad como ésta eso es una temeridad ¡casi un suicidio! A mí se me ocurrió probar un día y no volveré a repetirlo nunca.

Hör bloß auf damit! In einer Stadt wie dieser wäre das tollkühn, fast schon Selbstmord! Einmal habe ich mir einfallen lassen, das auszuprobieren, und werde es nie wieder tun.

¿Tan mal te fue?

Ist es dir so schlimm ergangen?

¡No quiero ni acordarme! Ya sabes que aquí apenas hay carriles para las bicicletas, así que me metí en el carril-bus. Se iba muy bien hasta que pasaba el autobús.

Ich will nicht mal mehr dran denken! Du weißt ja, dass es hier fast keine Radwege gibt, und so bin ich auf der Busspur gefahren. Das ging ganz gut, bis ein Bus kam.

¡Qué locura! ¿Y qué hiciste?

So was Verrücktes! Und was hast du gemacht?

Me fui por la acera, pero entonces fue peor porque los peatones no están acostumbrados …, así que me bajé a la calle y aun peor, porque estuvieron a punto de atropellarme, aparte de que me llamaron de todo … Una experiencia irrepetible …

Ich bin auf den Bürgersteig gefahren, aber das war noch schlimmer, denn die Fußgänger sind nicht daran gewöhnt …, also bin ich auf die Straße hinuntergefahren, und das war noch schlimmer, denn dort hätte man mich beinahe überfahren, ganz abgesehen davon, dass sie mich alles Mögliche nannten … Eine Erfahrung, die ich nicht noch einmal machen möchte.

11.3 Autobús

11.3 Autobus

Aquí cojo todas las mañanas el autobús para ir a la universidad.

Hier steige ich jeden Morgen in den Bus, um zur Universität zu fahren.

¿Desde qué hora funciona el servicio?

Ab wann fahren die Busse?

En esta línea desde las seis de la mañana. Suelen pasar cada diez minutos durante todo el día, hasta bien entrada la noche. Es lo más rápido porque atraviesa el centro por el carril-bus y no hay problema con los atascos.

Auf dieser Linie ab sechs Uhr morgens. Sie fahren alle zehn Minuten den ganzen Tag, bis es Nacht ist. Das ist der schnellste Weg, denn er durchquert das Zentrum auf der Busspur, und es gibt keine Probleme mit Staus.

Por favor, ¿qué autobús tengo que coger para ir a la Plaza Mayor?

Bitte, welchen Bus muss ich nehmen, um zur Plaza Mayor zu fahren?

¿Hay alguna línea de autobuses que lleve hasta el parque zoológico?

Gibt es eine Buslinie, die bis zum Zoo fährt?

¿Sabes cada cuánto tiempo paran los autobuses en esta parada?

Weißt du, in welchem Zeitabstand die Busse an dieser Haltestelle halten?

¿Tiene parada este autobús en la calle de Alcalá?

Hält dieser Bus in der Calle de Alcalá?

¿En qué parada me tengo que bajar para ir al Ministerio de Hacienda?

An welcher Haltestelle muss ich aussteigen, um zum Finanzministerium zu kommen?

Por favor, ¿me podría avisar en la estación más cercana a la boca de metro?

Bitte, könnten Sie mir an der Haltestelle Bescheid sagen, die am nächsten am U-Bahn-Eingang ist?

¿Hay alguna caseta de información de los autobuses por aquí cerca?

Gibt es hier in der Nähe einen Informationsstand über die Busse?

¿Hay algún tipo de rebaja para viajar en autobús?

Gibt es irgendeine Ermäßigung beim Busfahren?

Puede sacar un „bonobús", así puede hacer diez viajes y le salen bastante más baratos que comprando billetes sencillos.

Sie können einen „Bonobús" kaufen, so können Sie zehn Fahrten machen, die wesentlich billiger sind, als wenn Sie Einzelfahrscheine kaufen.

¿Puedo comprar el bonobús en el autobús?

Kann ich den Bonobús im Bus kaufen?

No, sólo se vende en las casetas de la empresa.

Nein, der wird nur an den Verkaufsstellen der Betriebsgesellschaften verkauft.

¿Y los viajes son de ida y vuelta?

Gilt das für Fahrten hin und zurück?

No señor, son diez trayectos sencillos en autobús, usted debe picar la tarjeta en la máquina del autobús cada vez que sube, un viaje nada más y es igual si viaja por toda la línea o se baja en la primera parada.

Nein, mein Herr, das sind zehn einfache Strecken im Bus. Sie müssen die Karte am Entwerter im Bus jedes Mal lochen, wenn Sie in den Bus steigen, nur eine Fahrt, und es ist egal, ob Sie die ganze Linie abfahren oder an der ersten Haltestelle aussteigen.

¿Y no tienen alguna tarjeta especial para estudiantes?

Gibt es keine Extrakarte für Studenten?

No señor, sólo tenemos tarjetas más económicas para la tercera edad, a partir de los sesenta y cinco años. Lo que sí le resulta más económico si viaja mucho es una tarjeta mensual o trimestral.

Nein, mein Herr, wir haben nur billigere Karten für ältere Herrschaften ab 65 Jahre. Was aber auf jeden Fall billiger ist, wenn Sie viel fahren, ist eine Monats- oder Semesterkarte.

Pues quizá me interese, porque tengo que coger unos seis autobuses al cabo del día ...

Das interessiert mich vielleicht, denn ich muss im Laufe des Tages etwa sechs Busse nehmen.

Entonces seguro que le trae cuenta a Vd.

Nun, dann zahlt sich das sicher für Sie aus.

¿Y la tarjeta sirve para todas las líneas?

Und die Karte gilt auf allen Linien?

Absolutamente para todas, incluidas las de servicio nocturno.

Auf absolut allen, inklusive den Nachtlinien.

¿Qué neccesito para hacerme la tarjeta?

Was brauche ich, um diese Karte zu bekommen?

Su documento de identidad y una foto de tamaño carnet.

Ihren Personalausweis und ein Foto im Ausweisformat.

¿Dónde está la parada del 59?

Wo ist die Haltestelle der Nr. 59?

¿Llega este autobús hasta la estación del Norte?

Fährt dieser Bus bis zum Nordbahnhof?

No, pero puede combinar. Tiene que ir hasta la última parada, allí se baja y en la misma plaza se sube al 22, que tiene allí parada, y le lleva directo a la estación, que es la penúltima parada.

Nein, aber Sie können umsteigen. Sie müssen bis zur letzten Haltestelle fahren, dort steigen Sie aus und steigen am selben Platz in die Linie 22, die dort hält, und die bringt Sie direkt zum Bahnhof, das ist die vorletzte Haltestelle.

¿Es ésta la parada del 62?

Ist das die Haltestelle der Linie 62?

Esta es la del 25, la del 62 es en la marquesina de allí enfrente, al otro lado de la acera.	Das ist die der Linie 25, die der Linie 62 ist dort drüben bei der Markise, auf der anderen Seite des Bürgersteigs.
¿Es ésta la cola para el 62?	Ist das die Warteschlange für den 62er?
Esta es. No sé qué pasa que no viene.	Das ist diese hier. Ich weiß nicht, was los ist, dass er nicht kommt.
¿Pasa con mucha frecuencia el autobús?	Kommt der Bus sehr oft?
Normalmente hay bastante servicio, pero hoy llevo quince minutos esperando y sólo ha pasado uno lleno a tope que no ha cogido a nadie, aunque se han bajado dos.	Normalerweise fährt er ziemlich oft, aber heute warte ich bereits fünfzehn Minuten, und es ist nur einer vorbeigekommen, der war voll bis unters Dach und hat niemanden reingelassen, obwohl zwei Leute ausgestiegen sind.
¡Oiga usted, que la cola es allí al final, a ver si no nos colamos, que todos estamos esperando!	Hören Sie mal, die Schlange ist hier hinten, drängen Sie sich nicht vor, wir warten schließlich alle.
Allí viene el autobús, pero bastante lleno, vamos a ver si cabemos todos ...	Dort kommt der Bus, aber ziemlich voll, mal sehen, ob wir alle hineinpassen.
¡Oiga, no empuje ...!	Hören Sie mal, schieben Sie nicht!
Vd. perdone, pero a mí también me han empujado.	Entschuldigen Sie bitte, aber mich haben sie auch gestoßen.
Deme un billete, por favor.	Geben Sie mir bitte eine Fahrkarte.
¿No tiene suelto?	Haben Sie kein Kleingeld?
Creo que sí ... Aquí tiene. Va hasta la plaza Mayor, ¿verdad?	Ich glaube schon ... Hier ist es. Sie fahren bis zur Plaza Mayor, nicht wahr?
Tiene una parada al lado, aunque no para en la misma plaza.	Er hält in der Nähe, wenn auch nicht an der Plaza direkt.
¿Cuántas paradas faltan?	Wie viele Haltestellen sind es noch?
Es la quinta. Después de pasar por un subterráneo. ¡A ver, que nos vamos! ¡Pasen al fondo que hay sitio!	Es ist die fünfte, nachdem wir durch eine Unterführung gefahren sind. Wir fahren ab! Gehen Sie nach hinten durch, dort ist Platz.
Señora, ¿se quiere sentar?	Meine Dame, möchten Sie sich setzen?
¡Huy, gracias, hijo! ¡No sabes cómo te lo agradezco!	Oh, vielen Dank, mein Sohn. Du weißt nicht, wie dankbar ich dir bin.

¡Qué barbaridad! Con este calor y el autobús a rebosar, vamos como sardinas en lata.	So was aber auch! Bei dieser Hitze und der Bus zum Überlaufen voll, sind wir wie die Sardinen in der Büchse.
Deberían aumentar el servicio en las horas punta, porque uno paga un dinero para ir decentemente y no hay derecho a ir como vamos.	Sie sollten den Service in der Stoßzeit erhöhen, denn man bezahlt sein Geld, um passabel zu fahren, und es ist nicht richtig, so zu fahren, wie wir jetzt.
Pues dice en el periódico hoy que han entrado en servicio cien nuevos coches.	Nun, in der Zeitung steht, dass heute hundert neue Busse in Betrieb genommen worden sind.
Pues en esta línea desde luego que no ha sido. Yo creo que de aquí más bien han quitado alguno …	Das war jedenfalls nicht auf dieser Linie. Ich glaube eher, dass sie von hier welche abgezogen haben.
Ya viene el revisor.	Jetzt kommt der Kontrolleur.
Billete, por favor.	Die Fahrkarten, bitte.
Oiga, es que no ve que está prohibido fumar en el autobús?	Hören Sie, sehen Sie denn nicht, dass es verboten ist, im Autobus zu rauchen?
Por favor, ¿puede apagar el cigarro? Aquí está prohibido fumar.	Bitte, können Sie die Zigarette ausmachen? Hier ist es verboten zu rauchen.
¿Podría apagar el cigarrillo, por favor? Porque me molesta mucho el humo.	Könnten Sie die Zigarette ausmachen, bitte? Der Rauch stört mich nämlich sehr.
A ver por favor, ¿me dejan pasar …?	Ach bitte, lassen Sie mich vorbei?
¡Pase, pase si puede …!	Bitte, bitte, wenn Sie können …!
¿Va a bajar en la siguiente, por favor?	Steigen Sie an der Nächsten aus?
No.	Nein.
La que viene es la Plaza Mayor, verdad?	Die Nächste ist die Plaza Mayor, nicht wahr?
Sí.	Ja.
A ver, ¿me permite que toque el timbre? Gracias.	Ach bitte, kann ich den Knopf drücken? Danke.

11.4 Metro / 11.4 U-Bahn

¿Cómo puedo llegar a la calle de San Bernardo, hay algún autobús?	Wie komme ich zur San-Bernardo-Straße, gibt es einen Bus?

Hay un autobús, pero para ir desde aquí tiene que dar mucho rodeo. Lo mejor es coger el metro, es lo más rápido y lo más directo.	Es gibt einen Bus, aber von hier aus ist das ein großer Umweg. Am besten nehmen Sie die U-Bahn, das ist der schnellste und direkteste Weg.
A doscientos metros de aquí está la estación de Moncloa.	Zweihundert Meter von hier ist die Station Moncloa.
Por favor, ¿dónde está la boca del metro de Atocha?	Bitte, wo ist der U-Bahn-Eingang von Atocha?
¿Puedo ir directo desde aquí hasta el Teatro Real?	Kann ich von hier direkt zum Teatro Real fahren?
No, tiene Vd. que coger la línea tres y hacer transbordo en la estación de Sol, allí tiene que coger la línea seis en dirección a la Plaza de Cervantes y bajarse en la segunda estación.	Nein, Sie müssen die Linie drei nehmen und in der Station Sol umsteigen; dort nehmen Sie die Linie sechs Richtung Plaza de Cervantes und steigen an der zweiten Haltestelle aus.
¿Hay un billete combinado de metro y autobús?	Gibt es eine Kombinationsfahrkarte von U-Bahn und Bus?
No, sólo hay una tarjeta combinada con la que puedes viajar en los transportes públicos municipales, pero no la puedes sacar para viajes sencillos, sino por meses.	Nein, es gibt nur eine kombinierte Karte, mit der du alle öffentlichen Verkehrsmittel benutzen kannst, aber die kannst du nicht für einfache Fahrten lösen, sondern nur monatsweise.
¿Hay alguna posibilidad de conseguir billetes más baratos?	Gibt es eine Möglichkeit, billigere Fahrkarten zu bekommen?
Si compras diez viajes te sale más barato.	Wenn du zehn Fahrten auf einmal kaufst, kommt es billiger.
Con un sólo billete puedes ir a cualquier parte de la ciudad y coger todas las líneas que necesites. El precio es el mismo vayas a la estación que vayas.	Mit einer einzigen Fahrkarte kannst du überallhin in der Stadt fahren und alle Linien benutzen, die du brauchst. Der Preis ist der gleiche, zu welcher Station du auch fährst.
A mí me agobia mucho viajar en metro. Creo que tengo algo de claustrofobia.	Ich finde es erdrückend, in der U-Bahn zu fahren. Ich glaube, ich habe so etwas wie Klaustrophobie.
Pues a mí es el transporte público que más me gusta. En veinte minutos puedes atravesar la ciudad sin problemas de atascos, y además es bastante barato.	Nun, für mich ist sie das öffentliche Verkehrsmittel, das ich am liebsten mag. In zwanzig Minuten kannst du die Stadt durchqueren, ohne Probleme mit Staus, und außerdem ist es ziemlich billig.

Pero a veces va muy lleno.

Aber manchmal ist es sehr voll.

Sólo en las horas punta. Los trenes de las líneas nuevas son muy cómodos. Yo creo que es el transporte ideal para una ciudad, y que si hubiera más líneas y más trenes se evitarían muchos problemas de circulación.

Nur in der Stoßzeit. Die Züge der neuen Linien sind sehr bequem. Ich glaube, das ist das ideale Transportmittel für eine Stadt, und wenn es mehr Linien und mehr Züge gäbe, könnten viele Verkehrsprobleme vermieden werden.

11.5 Taxi

11.5 Taxi

Tengo bastante prisa, así que creo que lo mejor será llamar un taxi.

Ich habe es ziemlich eilig, deshalb glaube ich, es ist besser, ein Taxi zu rufen.

¡Oiga, por favor! ¿Sabe si hay por aquí cerca una parada te taxis?

Hören Sie bitte! Wissen Sie, ob hier in der Nähe ein Taxistand ist?

Por aquí no hay, que yo sepa. Puede pedir uno por teléfono desde la cabina y se lo envían rápido. ¡Mire, por ahí viene uno libre!

Hier gibt es keinen, soweit ich weiß. Sie können eines per Telefon von der Zelle aus rufen, und man wird Ihnen schnell eines schicken. Sehen Sie, dort kommt ein freies!

¡Taxi!

Taxi!

¡Bueno días! Me lleva a la calle Pelayo, por favor, a la altura del Cine Liceo.

Guten Tag! Bringen Sie mich bitte zur Pelayo-Straße, auf der Höhe des Liceo-Kinos.

¿Cuánto le debo?

Was bin ich Ihnen schuldig?

Son 9 euros.

Das sind neun Euro.

Aquí tiene, quédese con la vuelta. Y me da un recibo, por favor.

Hier haben Sie, behalten Sie den Rest. Und geben Sie mir bitte eine Quittung.

Estaré aquí unas dos horas. ¿Podría usted volver a recogerme para llevarme al hotel?

Ich werde etwa zwei Stunden hier sein. Könnten Sie mich wieder abholen und ins Hotel bringen?

Ir en taxi sale bastante caro, sobre todo si te coge un atasco y te tienes que tirar una hora para llegar a cualquier parte.

Im Taxi zu fahren ist ziemlich teuer, vor allem wenn du in einen Stau gerätst und eine Stunde brauchst, um irgendwohin zu kommen.

¿Cuánto cuesta la bajada de bandera?

Wie hoch ist die Grundgebühr?

¿Cuánto te han cobrado por la carrera?

Wie viel hat die Fahrt gekostet?

Al precio de la bajada de bandera y de la carrera se pueden añadir algunos suplementos, como por ser día festivo o por nocturnidad.

Zum Grundpreis und dem Fahrpreis können zusätzliche Gebühren verlangt werden wie z. B. ein Feiertagszuschlag oder ein Nachtzuschlag.

11.6 Tren

11.6 Zug

Yo voy al trabajo todos los días en el (tren de) cercanías, porque vivo en un barrio de las afueras y es lo más rápido.

Ich fahre jeden Tag mit dem Nahverkehrszug zur Arbeit, denn ich lebe in einem Stadtteil im Außenbezirk, und das geht am schnellsten.

¿Cada cuánto tiempo pasa el cercanías para la estación central?

Wie oft fährt der Nahverkehrszug zum Zentralbahnhof?

Cada cinco minutos, por la vía dos.

Alle fünf Minuten, auf Gleis zwei.

Déme un billete de ida y vuelta, por favor.

Geben Sie mir bitte eine Rückfahrkarte.

El fin de semana voy al norte, a visitar a mis parientes y me pienso quedar allí unos días. Me voy en tren que es lo más seguro.

Am Wochenende fahre ich Richtung Norden, um meine Verwandten zu besuchen, und will dort einige Tage bleiben. Ich fahre mit dem Zug, das ist am sichersten.

¿Has mirado si hay alguna oferta? A veces hay rebajas en el precio.

Hast du geschaut, ob es ein Sonderangebot gibt? Manchmal gibt es Preisnachlässe.

Sí, he comprado un billete de ida y vuelta porque cuesta menos.

Ja, ich habe eine Rückfahrkarte gekauft, weil sie weniger kostet.

Las personas de la tercera edad y los jóvenes menores de veintiséis años pueden conseguir billetes especiales a precios considerablemente reducidos.

Ältere Leute und Jugendliche unter sechsundzwanzig Jahren können besondere Fahrkarten zu ziemlich reduzierten Preisen bekommen.

¿Cuánto equipaje puedo facturar con un billete?

Wie viel Gepäck kann ich mit einer Fahrkarte aufgeben?

Hasta tres bultos que no excedan de treinta kilos.

Bis zu drei Gepäckstücke, die nicht mehr als dreißig Kilo wiegen dürfen.

¿Con este billete puedo tener fecha de regreso abierta?

Kann ich bei dieser Fahrkarte das Datum für die Rückfahrt offen lassen?

Sí señor, siempre y cuando no exceda de tres meses a partir de la fecha de ida.

Ja, mein Herr, solange sie innerhalb von drei Monaten von der Hinfahrt an stattfindet.

¿Dónde se hacen las reservas de billetes?	Wo ist die Fahrkartenreservierung?
¿Dónde se puede comprar un billete para Cuenca? ¿Se comprará en las ventanillas de cercanías o en las de largo recorrido?	Wo kann man eine Fahrkarte nach Cuenca kaufen? Kauft man sie am Nah- oder Fernverkehrsschalter?
Mira, ahí está la ventanilla de información, puedes preguntar.	Sieh mal, dort ist der Informationsschalter, dort kannst du fragen.
¿Me puede decir el horario de los trenes a Salamanca?	Können Sie mir sagen, wann Züge nach Salamanca fahren?
Tiene Vd. muchos trenes todos los días. Aquí, en este folleto, tiene los horarios.	Es gibt jeden Tag viele Züge. Hier auf diesem Blatt finden Sie den Fahrplan.
¿Los trenes llevan suplemento?	Sind die Züge zuschlagpflichtig?
Los intercitis y talgos sí llevan. Pero hay algunos trenes de cercanías y expresos para los que no tiene que pagar suplemento.	Die Intercityzüge und Talgos ja. Aber es gibt verschiedene Nahverkehrszüge und Schnellzüge, für die Sie keinen Zuschlag zahlen müssen.
¿Salen todos los trenes de esta estación?	Fahren alle Züge von diesem Bahnhof ab?
Sólo los que tienen un recorrido nacional. Los trenes internacionales salen de otra estación.	Nur die Inlandszüge, die internationalen fahren von einem anderen Bahnhof ab.
¿Cuánto cuesta el billete en el tren de las 20:58?	Wie viel kostet die Fahrkarte für den Zug um 20.58 Uhr?
20 en segunda y 28 en primera.	20 in der zweiten und 28 in der ersten Klasse.
Quiero hacer una reserva para el día veinte en el tren de las 14:30 a Salamanca.	Ich möchte eine Reservierung für den 20. für den Zug um 14.30 Uhr nach Salamanca.
¿Compartimento de fumadores o no fumadores?	Raucher- oder Nichtraucherabteil?
En no fumadores, por favor.	Nichtraucher, bitte.
Tenemos que darnos prisa si no queremos perder el tren.	Wir müssen uns beeilen, wenn wir den Zug nicht versäumen wollen.
El tren salió puntual, pero llegó a su destino con más de media hora de retraso.	Der Zug fuhr pünktlich ab, aber er kam mit mehr als einer halben Stunde Verspätung an.
¿Lleva el tren vagón restaurante?	Hat der Zug einen Speisewagen?
Sí, el tren lleva vagón restaurante, coches cama y literas. Tiene vagones de primera y de segunda clase.	Ja, der Zug hat Speisewagen, Schlafwagen und Liegewagen. Er hat Wagen der ersten und zweiten Klasse.

El tren con destino Málaga, que efectuará su salida a las 14:30 horas, se encuentra situado en la vía primera, andén dos.	Der Zug nach Málaga, Abfahrt um 14.30 Uhr, befindet sich auf Gleis eins, Bahnsteig zwei.
El tren efectuará su salida dentro de cinco minutos.	Der Zug fährt in fünf Minuten ab.
Por favor, déme un billete de litera para Barcelona en el expreso de las 21:00.	Bitte geben Sie mir eine Liegewagenkarte nach Barcelona für den Schnellzug um 21.00 Uhr.
¿Cuánto cuesta en coche cama?	Wie viel kostet der Schlafwagen?
¿Hay consigna en esta estación?	Gibt es auf diesem Bahnhof eine Gepäckaufbewahrung?
¿Qué horario tiene la consigna?	Welche Öffnungszeiten hat die Gepäckaufbewahrung?
Hay taquillas que funcionan con monedas, están abiertas las veinticuatro horas.	Es gibt Schließfächer, die funktionieren mit Münzen, sie sind rund um die Uhr geöffnet.
Una buena alternativa para los viajes de media distancia es el autocar.	Eine gute Alternative für Reisen mittlerer Entfernung ist der Reisebus.
A veces el transporte por carretera, en autocar, es más rápido que el ferrocarril.	Manchmal ist der Transport im Reisebus über die Landstraße schneller als die Bahn.
¿Sabes desde dónde salen los autobuses para Sevilla?	Weißt du, von wo die Busse nach Sevilla abfahren?
De la estación sur de autobuses.	Vom Busbahnhof Süd.
¿Se podrá comprar allí el billete antes de la salida?	Kann man dort die Fahrkarte vor der Abfahrt kaufen?
La compañía de autobuses tiene despacho en la estación, pero en las fechas que estamos, que todo el mundo viaja, yo te recomendaría que lo compres con antelación, no sea que llegues con todo preparado y no queden asientos libres.	Die Busfirma hat ein Büro am Bahnhof, aber zum heutigen Zeitpunkt, wo jeder reist, würde ich dir empfehlen, sie im Voraus zu kaufen, damit du nicht ankommst und keine Sitzplätze mehr frei sind.
¿Sabes si hace muchas paradas el autocar?	Weißt du, ob der Reisebus oft hält?
Sólo una a mitad del camino en un bar, para estirar las piernas y tomar algo.	Nur einmal auf halbem Weg bei einer Bar, damit man die Beine ausstrecken und etwas trinken kann.

11.7 Avión	11.7 Flugzeug
¿Cómo pensáis hacer el viaje, en coche o en avión?	Wie wollt ihr reisen, mit dem Auto oder dem Flugzeug?
Como tenemos muy pocos días de vacaciones pensamos coger el avión, porque en coche perderíamos más tiempo, además de que es una paliza conducir tantos kilómetros.	Da wir nur wenige Tage Urlaub haben, wollen wir fliegen, denn im Auto würden wir viel Zeit verlieren und außerdem ist es ganz schön anstrengend, so viele Kilometer zu fahren.
¿No te da miedo volar?	Hast du keine Angst zu fliegen?
Un poco de aprensión sí, pero todo tiene sus riesgos.	Ein bisschen Angst habe ich schon, aber alles hat sein Risiko.
¿Crees que será seguro este avión?	Glaubst du, dass dieses Flugzeug sicher sein wird?
No te preocupes, es un avión muy nuevo. Además, en los vuelos transoceánicos todavía no se ha caído ningún avión de esta compañía.	Keine Sorge, es ist ein neues Flugzeug. Außerdem ist bei den Transatlantikflügen von dieser Gesellschaft noch kein Flugzeug abgestürzt.
Pero alguno tiene que ser el primero, ¿no? A mí me da pánico, sobre todo el despegue y el aterrizaje.	Aber einer muss der Erste sein, oder? Mich versetzt es in Panik, vor allem der Start und die Landung.
Este avión dispone de ocho puertas de emergencia, chalecos salvavidas, y mascarillas de oxígeno situadas encima de sus asientos, para ser utilizadas en caso de descompresión de la cabina.	Dieses Flugzeug verfügt über acht Notausgänge, Schwimmwesten und Sauerstoffmasken, die sich über den Sitzen befinden, damit sie im Falle eines Druckabfalls benutzt werden können.
Yo antes de ponerme la mascarilla me muero del susto …	Bevor ich die Sauerstoffmaske aufsetze, sterbe ich vor Schreck.
Quisiera dos pasajes para Mallorca para el mes de agosto.	Ich hätte gern zwei Flüge nach Mallorca im August.
Por favor, quisiera un vuelo para Alicante a fines de abril.	Bitte, ich möchte einen Flug nach Alicante Ende April.
¿Cuál es la tarifa más barata para ir a Canarias en el mes de abril?	Welches ist der günstigste Tarif, um im April auf die Kanarischen Inseln zu fliegen?

Desde dónde es más barato este vuelo, desde Madrid o desde Barcelona?	Von wo aus ist dieser Flug am billigsten, von Madrid aus oder von Barcelona?
¿El vuelo de las 18:30 a Madrid es directo?	Ist der Flug um 18.30 Uhr nach Madrid ein Direktflug?
No, ese vuelo tiene escala en Barcelona. Si quiere Vd. un vuelo directo tiene que irse a otra hora.	Nein, dieser Flug hat eine Zwischenlandung in Barcelona. Wenn Sie einen Direktflug möchten, müssen Sie zu einer anderen Zeit fliegen.
¿Quiere Vd. viajar en un día determinado o no tiene fecha fija?	Möchten Sie an einem bestimmten Tag fliegen oder haben Sie kein festes Datum?
Siendo la última semana del mes me da igual un día que otro. ¿Tiene Vd. alguna oferta para esas fechas?	Da es die letzte Woche im Monat ist, ist für mich ein Tag wie der andere. Haben Sie irgendein Sonderangebot für diese Zeit?
Tenemos varios vuelos chárter para esas fechas por unos precios muy baratos. Si tiene Vd. cierta flexibilidad para las fechas y los horarios le podemos proporcionar un vuelo bastante económico.	Wir haben verschiedene Charterflüge zu dieser Zeit zu sehr günstigen Preisen. Wenn Sie für diese Zeit flexibel sind, was Tag und Stunde angeht, können wir Ihnen einen recht preiswerten Flug verschaffen.
¿Cuánto tiempo piensa permanecer allí?	Wie lange wollen Sie dort bleiben?
No lo sé todavía. Lo ideal sería conseguir un pasaje con fecha de regreso abierta.	Das weiß ich noch nicht. Ideal wäre es, ein Ticket mit offenem Rückflug zu bekommen.
Si va en un vuelo de línea de esta compañía puede tener la fecha abierta hasta seis meses.	Wenn Sie einen Linienflug dieser Gesellschaft nehmen, können Sie den Rückflug bis zu sechs Monaten offen lassen.
Con este billete de tarifa reducida no puede cambiar la fecha de regreso, a no ser que quedaran eventualmente plazas libres en algún vuelo y pagando una tasa por cambio de billete.	Mit diesem verbilligten Tarif können Sie das Rückflugdatum nicht ändern, wenn nicht gerade in irgendeinem Flug Plätze frei sind, und er ist mit einem Aufpreis für die Änderung des Tickets verbunden.
Pocos días antes de la fecha de regreso debe Vd. llamar por teléfono a la oficina de la compañía para reconfirmar la vuelta. También puede hacerlo a través de una agencia de viajes.	Ein paar Tage vor dem Rückflugdatum müssen Sie bei der Fluggesellschaft anrufen, um den Rückflug zu bestätigen. Das können Sie auch über ein Reisebüro erledigen.

Debe Vd. presentarse en los mostradores de la compañía al menos una hora antes de la hora de salida.	Sie müssen mindestens eine Stunde vor Abflug am Schalter der Fluggesellschaft sein.
Lléveme al aeropuerto por favor.	Bringen Sie mich bitte zum Flughafen.
¿A las salidas nacionales o internacionales?	Zum Inlands- oder Auslandsabflug?
A las nacionales.	Inland.
Por favor, ¿dónde están los mostradores de facturación de equipaje?	Bitte, wo sind die Schalter für die Gepäckaufgabe?
¿Cuánto equipaje puedo llevar facturado?	Wie viel Gepäck kann ich einchecken?
Puede llevar facturados dos bultos que no excedan en total los veinticinco kilos. Además puede subir al avión con una bolsa o una cartera como equipaje de mano.	Sie können zwei Gepäckstücke aufgeben, die zusammen nicht mehr als fünfundzwanzig Kilo wiegen. Außerdem können Sie eine Tasche oder einen Aktenkoffer als Handgepäck mit ins Flugzeug nehmen.
¿Esa bolsa también la quiere Vd. facturar?	Möchten Sie diese Tasche auch aufgeben?
No, la llevo como equipaje de mano.	Nein, die nehme ich als Handgepäck.
Póngale Vd. esta pegatina, por favor.	Bringen Sie bitte diesen Aufkleber an.
Disculpe, señor, pero Vd. lleva diez kilos de exceso de equipaje. Debe pagar el sobrepeso.	Entschuldigen Sie, mein Herr, aber Sie haben zehn Kilo Übergepäck. Sie müssen das Übergewicht bezahlen.
¿Desea Vd. asiento de fumadores o de no fumadores?	Möchten Sie einen Raucher- oder Nichtraucherplatz?
De no fumadores, y si es posible ventanilla, por favor.	Nichtraucher, und wenn möglich, bitte einen Fensterplatz.
Lo siento mucho, pero ventanillas sólo quedan libres en la zona de fumadores …	Das tut mir leid, aber Fensterplätze gibt es nur noch in der Raucherzone.
Bueno, entonces deme pasillo de no fumadores.	Gut, dann geben Sie mir einen Gangplatz Nichtraucher.
Aquí tiene Vd. su tarjeta de embarque.	Hier haben Sie Ihre Bordkarte.

Tiene Vd. que embarcar por la puerta quince. Al fondo a la derecha están los accesos.	Sie müssen über Flugsteig fünfzehn an Bord gehen. Ganz hinten rechts sind die Zugänge.
Ultimo aviso para los pasajeros del vuelo de Iberia 957, con destino a Caracas …	Letzter Aufruf für die Passagiere des Iberia-Fluges 957 nach Caracas …
El vuelo va a salir con retraso por congestión del tráfico aéreo.	Das Flugzeug wird wegen Luftraumüberfüllung mit Verspätung abfliegen.
La huelga de controladores aéreos está causando grandes aglomeraciones en los aeropuertos.	Der Streik der Fluglotsen verursacht großes Gedränge in den Flughäfen.
¡Qué guapas y qué simpáticas eran las azafatas de este avión!	Wie hübsch und sympathisch waren die Stewardessen in diesem Flugzeug!
El sobrecargo ha dado la bienvenida a los pasajeros.	Der Chefsteward hat die Passagiere willkommen geheißen.
El avión realizará una escala en Puerto Rico para repostar combustible.	Das Flugzeug wird in Puerto Rico zwischenlanden, um Treibstoff nachzufüllen.
Este es su asiento, señor, puede poner la bolsa aquí arriba, así irá más cómodo.	Das ist Ihr Sitz, mein Herr, Sie können die Tasche hier hinauflegen, so haben Sie es bequemer.
Señoras y señores, les saluda el comandante Pérez en nombre de toda la tripulación y les da la bienvenida a bordo.	Meine Damen und Herren, es begrüßt Sie Kapitän Pérez im Namen der gesamten Besatzung und heißt Sie an Bord willkommen.
La duración estimada del vuelo será de seis horas. Volaremos a una velocidad media de 950 kms. por hora y aterrizaremos en el aeropuerto de Madrid, Barajas, a las 7:30, hora local.	Unsere geschätzte Flugzeit wird sechs Stunden betragen. Wir werden mit einer Durchschnittsgeschwindigkeit von 950 Stundenkilometern fliegen und werden um 7.30 Uhr Ortszeit auf dem Flughafen Madrid-Barajas landen.
Abróchense los cinturones, vamos a despegar.	Legen Sie die Sicherheitsgurte an, wir werden gleich starten.
Se ruega que se abrochen los cinturones de seguridad, apaguen los cigarrillos, y mantengan sus asientos en posición vertical.	Wir bitten Sie, die Sicherheitsgurte anzulegen, stellen Sie das Rauchen ein und bringen Sie Ihre Sitze in eine senkrechte Position.
Por razones de seguridad, las luces de cabina permanecerán apagadas durante el despegue.	Aus Sicherheitsgründen bleiben die Kabinenlichter während des Starts abgeschaltet.

Vamos a atravesar una zona de turbulencias. Se ruega permanezcan en sus asientos con los cinturones de seguridad abrochados.	Wir werden Turbulenzen durchfliegen. Wir bitten Sie, auf Ihren Sitzen angeschnallt sitzen zu bleiben.
Dentro de unos minutos tomaremos tierra en el aeropuerto de Munich, donde la temperatura es de dos grados centígrados y está lloviendo. El capitán y toda la tripulación desean que hayan tenido Vds. un vuelo agradable.	In einigen Minuten werden wir auf dem Flughafen München landen, wo die Temperatur zwei Grad Celsius beträgt und es regnet. Der Kapitän und seine Besatzung hoffen, dass Sie einen angenehmen Flug hatten.
Oiga, por favor, he venido en el vuelo 753 de Sevilla y no he encontrado mi equipaje.	Hören Sie bitte, ich bin mit dem Flug 753 aus Sevilla gekommen und habe mein Gepäck nicht gefunden.
¿Me permite su billete, por favor?	Kann ich Ihr Ticket sehen, bitte?
Traía una maleta grande de piel, de color marrón oscuro.	Ich hatte einen großen Lederkoffer, dunkelbraun.
No ha llegado con el vuelo. Debe haber habido un error. Intentaremos localizarla lo antes posible y se la haremos llegar rápidamente a su dirección de aquí.	Er ist nicht mit diesem Flug angekommen. Es muss sich um einen Irrtum handeln. Wir werden versuchen, ihn so schnell wie möglich zu finden und ihn dann an Ihre Adresse hier schicken.
¿Hay buena combinación desde al aeropuerto hasta el centro de la ciudad?	Gibt es eine gute Verbindung vom Flughafen in die Stadtmitte?
Muy buena, hay un servicio directo de autobuses que en poco tiempo le dejan en pleno centro. Si lo prefiere también puede tomar un taxi, aunque le saldrá más caro.	Eine sehr gute, es gibt eine direkte Busverbindung, die Sie in kurzer Zeit mitten in die Stadt bringt. Wenn Sie es vorziehen, können Sie auch ein Taxi nehmen, aber das kommt teurer.
¡Mi bolso de viaje ha llegado estropeado, mire Vd.! ¡Le falta un asa, está arañado y manchado! ¡A ver quien me paga esto!	Meine Reisetasche ist kaputt angekommen, sehen Sie! Es fehlt ein Griff, sie ist zerkratzt und hat Flecken. Wer wird mir das wohl bezahlen?
Tiene Vd. que rellenar este formulario y entregárnoslo para que la compañía se haga cargo de los daños.	Sie müssen dieses Formular ausfüllen und es uns übergeben, damit die Fluggesellschaft den Schaden übernimmt.
¿Ha aterrizado ya el vuelo 253 de Valencia?	Ist der Flug 253 aus Valencia schon gelandet?
El avión llegará con un retraso de quince minutos.	Das Flugzeug wird mit fünfzehn Minuten Verspätung ankommen.

11.8 Barco

11.8 Schiff

¿Qué te parece la idea de hacer este verano un crucero por el Mediterráneo?

Was hältst du von der Idee, diesen Sommer eine Kreuzfahrt auf dem Mittelmeer zu machen?

Me parece una excelente idea. Conozco una agencia de viajes que se especializa en cruceros. Seguro que allí nos pueden hacer una buena oferta.

Das scheint mir eine ausgezeichnete Idee zu sein. Ich kenne ein Reisebüro, das auf Kreuzfahrten spezialisiert ist. Sicher können sie uns dort ein gutes Angebot machen.

¿Qué ofertas tienen Vds. de cruceros por el Mediterráneo?

Was für Angebote haben Sie für Kreuzfahrten auf dem Mittelmeer?

¿Cuánto dura el crucero por las islas griegas?

Wie lange dauert die Kreuzfahrt zu den griechischen Inseln?

Tenemos cruceros de dos y cuatro semanas.

Wir haben Kreuzfahrten von zwei und vier Wochen.

Esta compañía de navegación dispone de modernos transatlánticos con todo tipo de comodidades.

Diese Schifffahrtsgesellschaft hat moderne Überseedampfer mit jeglicher Art von Komfort.

¿Qué precio tiene el pasaje en camarotes de primera clase?

Wie teuer ist die Passage in Kabinen erster Klasse?

Espero que no haya mucho oleaje durante el viaje, porque yo me mareo rápido.

Ich hoffe, dass wir während der Reise keinen hohen Seegang haben, denn ich werde schnell seekrank.

Deberías tomar unas pastillas contra el mareo, por lo menos hasta que te acostumbres un poco al balanceo del barco. Vamos a ver si aquí podemos conseguirte unas.

Du solltest Tabletten gegen die Seekrankheit nehmen, wenigstens bis du dich ein wenig an die Bewegung des Schiffes gewöhnt hast. Mal sehen, ob wir hier welche für dich bekommen.

¿Y los botes de salvamento dónde están?

Und wo sind die Rettungsboote?

Pues en la cubierta, no ves que hay varios …

Nun, an Deck, siehst du nicht, dass es mehrere gibt?

¿Habrá bastantes en caso de naufragio?

Sind es genug für den Fall eines Schiffbruchs?

Más nos vale. Pero si empiezas con esos pensamientos no vamos a disfrutar mucho de la travesía. También hay flotadores colgados por todas partes …

Das wäre schon gut. Aber wenn du mit solchen Gedanken anfängst, werden wir wenig von der Überfahrt haben. Es hängen auch überall Rettungsringe.

Ya estamos en alta mar. Yo me voy un rato al camarote. ¿Te vas a quedar mucho rato en la cubierta?	Wir sind schon auf hoher See. Ich gehe für einen Moment in die Kabine. Bleibst du noch lange auf Deck?
Sí, me apetece disfrutar del mar. Ahora mismo me voy a la proa, es donde más se nota el sube y baja de las olas.	Ja, ich möchte das Meer genießen. Ich werde jetzt gleich zum Bug gehen, wo man das Auf und Ab der Wellen am meisten merkt.
Yo no me encuentro muy bien …	Es geht mir nicht sehr gut.
¡Anda! ¡Si te estás poniendo pálido!	Ach! Du wirst ja ganz blass!
Se me está encogiendo el estómago, creo que voy a vomitar …	Mein Magen zieht sich zusammen, ich glaube, ich muss jetzt gleich brechen.
¡Mira el puerto! Me encanta el ambiente de los puertos. Los grandes cargueros, las grúas, los marineros, los pescadores …	Sieh mal, der Hafen! Ich bin begeistert vom Milieu der Häfen. Die großen Frachter, die Kräne, die Matrosen, die Fischer …
El barco tiene un gran calado y este puerto es bastante pequeño, así que el barco quedará fondeado en la bahía.	Das Schiff hat einen ziemlichen Tiefgang und dieser Hafen ist recht klein, deshalb wird das Schiff in der Bucht ankern.

12. Medios de comunicación

12. Kommunikationsmittel

12.1 Televisión y radio

12.1 Fernsehen und Radio

¿Tú ves mucho la televisión?

Siehst du viel fern?

No mucho, a veces por la noche. Después de cenar, sí me gusta ver las noticias, para enterarme de lo que ha pasado durante el día.

Nicht viel, manchmal am Abend. Nach dem Abendessen sehe ich jedoch gern die Nachrichten, damit ich erfahre, was während des Tages passiert ist.

A mí me pasa igual, pero cuando llego a casa, de vuelta del trabajo, estoy tan cansado que ya no me quedan ganas ni de ver tele.

Mir geht es genauso, aber wenn ich nach Hause komme von der Arbeit, bin ich so müde, dass ich nicht einmal mehr Lust habe fernzusehen.

Claro, además ya sabes, las buenas películas las echan demasiado tarde y si al día siguiente tienes que madrugar para irte al trabajo, pues es una faena. Y luego estás toda la mañana dando cabezadas de sueño …

Natürlich, außerdem weißt du ja, dass die guten Filme zu spät kommen, und wenn du am nächsten Tag früh aufstehen musst, um zur Arbeit zu fahren, ist das ganz schön hart. Und dann kämpft man den ganzen Morgen mit dem Schlaf …

Los fines de semana en cambio, sí nos quedamos mi mujer y yo hasta muy tarde delante del televisor, nos gustan mucho las películas.

Am Wochenende hingegen bleiben meine Frau und ich schon bis spät vor dem Fernseher sitzen, und dann gefallen uns die Filme sehr gut.

¿Es que no salís por ahí los fines de semana?

Geht ihr am Wochenende nicht aus?

Poco, ya sabes que somos bastante caseros. Algunos sábados sí vamos al cine, pero por lo general en la sesión de tarde, porque como no tenemos coche, la combinación para volver a casa es difícil si se vuelve muy tarde. Además, como tenemos un vídeo, pues muchos días sacamos una película y nos quedamos en casa.

Wenig, du weißt ja, dass wir ziemlich häuslich sind. An manchen Samstagen gehen wir schon ins Kino, aber normalerweise in die Nachmittagsvorstellung, denn da wir kein Auto haben, ist die Verbindung nach Hause schwierig, wenn man zu spät fährt. Außerdem, da wir einen Videorekorder haben, nehmen wir oft einen Film auf und bleiben zu Hause.

Es verdad, reducen mucho el transporte a partir de las doce de la noche, y luego los autobuses van llenos a tope, y coger un taxi cuesta un dineral.

Das stimmt, nach zwölf Uhr nachts wird der Transportservice ziemlich reduziert, und dann fahren die Busse voll bis oben, und ein Taxi zu nehmen kostet eine Stange Geld.

Por cierto, he oído en la radio esta mañana que van a subir de nuevo.

Übrigens, ich habe heute Morgen im Radio gehört, dass sie die Preise wieder heraufsetzen.

¡Qué me dices! ¿Dónde lo has oído?

Was sagst du da! Wo hast du das gehört?

En Radio Nacional, en el programa regional que hay por las mañanas.

In Radio Nacional, im Regionalprogramm, das morgens gesendet wird.

Yo es que oigo muy poco la radio, la verdad. Sólo cuando voy en el coche, cojo una emisora de F. M. en la que ponen muy buena música y además dan constantemente información sobre el estado del tráfico.

Ich höre eigentlich wenig Radio, ehrlich. Nur wenn ich Auto fahre, höre ich einen Kurzwellensender, auf dem sie gute Musik bringen und ständig Informationen über die Verkehrslage.

Para eso es muy útil la radio …

Dafür ist das Radio sehr nützlich.

¡Ya lo creo!, te enteras a tiempo dónde está el atasco a puedes tirar por otra calle.

Das will ich meinen! Man erfährt rechtzeitig, wo ein Stau ist, und kann eine andere Straße nehmen.

Yo siempre aprovecho mientras voy en el coche para oír el informativo de las ocho, que es muy bueno. Además, después, la información deportiva también me gusta bastante, ya sabes que soy un loco del fútbol …

Ich nutze immer die Zeit, wenn ich im Auto fahre, um die Informationssendung um acht Uhr zu hören, die sehr gut ist. Außerdem mag ich noch die Sportinformation ganz gern, du weißt ja, dass ich ein verrückter Fußballnarr bin …

¿Sabes que hoy retransmiten el partido Madrid–Barcelona?

Weißt du, dass heute das Spiel Madrid–Barcelona übertragen wird?

¡Hombre, claro! Yo ese no me lo pierdo. Empieza a las ocho en la primera cadena.

Mensch, na klar! Das lasse ich mir nicht entgehen. Es fängt um acht Uhr an im ersten Programm.

¿Yo sabes lo que hago? Pongo la televisión, le quito todo el volumen y escucho el partido por la radio. Me gusta más, porque es más animado y los comentaristas son más divertidos.

Weißt du, was ich mache? Ich stelle den Fernseher an, stelle den Ton ab und höre das Spiel im Radio an. Das gefällt mir besser, weil es lebhafter ist und die Kommentatoren lustiger sind.

Ya, por un lado está bien, porque siempre son los primeros en entrevistar a los jugadores, antes de que salgan del campo ya los persiguen con el micrófono … Lo

Ja, das ist einerseits gut, denn sie sind immer die Ersten, die die Spieler interviewen, noch bevor sie das Spielfeld verlassen, und sie verfolgen sie mit dem Mikrofon …

malo es que te cortan más con la publicidad. Cuando te están contando la mejor jugada, de pronto te meten el anuncio del yogur. Yo no lo aguanto. Prefiero la tele.	Das Schlechte dabei ist, dass es viel durch Werbung unterbrochen wird. Wenn sie gerade den besten Spielzug schildern, schalten sie plötzlich eine Joghurt-Werbung ein. Das halte ich nicht aus. Ich ziehe das Fernsehen vor.
¡No me hables de tele! ¡Menuda bronca ayer con mi mujer!	Hör mir auf mit dem Fernsehen! Da hatte ich gestern einen ganz schönen Krach mit meiner Frau!
¿Qué te pasó?	Was war denn los?
Lo de siempre, que yo quería ver la película y ella el debate de la otra cadena.	Immer das Gleiche, ich wollte den Film sehen und sie im anderen Programm die Debatte.
¿Y al final?	Und dann?
Pues que se apagó la televisión y nadie vió nada.	Nun, das Fernsehen wurde abgeschaltet und keiner sah etwas.
Pues te perdiste un buen debate. Participaban representantes de los principales partidos políticos. Yo lo ví y fue muy interesante.	Nun, du hast eine schöne Debatte versäumt. Es nahmen Vertreter der wichtigsten politischen Parteien teil. Ich habe sie gesehen und fand sie sehr interessant.
¡Bah!, siempre dicen lo mismo. Además todos los días acaparan la televisión, a mí ya me tienen aburrido. Menos mal que ahora con las televisiones privadas hay más oferta, que si no ...	Ach was! Sie sagen immer das Gleiche. Außerdem nehmen sie jeden Tag Zeit im Fernsehen in Anspruch, das geht mir bereits auf die Nerven. Wenigstens gibt es jetzt mit den Privatsendern ein größeres Angebot, sonst ...
Sí, nosotros también recibimos ahora la televisión por cable. Algunas cadenas son bastante buenas, aunque suele haber mucha publicidad.	Ja, wir können jetzt auch Kabelfernsehen empfangen. Einige Sender sind ganz gut, auch wenn normalerweise viel Werbung dabei ist.
Bueno, eso en todas partes, oye. A mí no te creas que me disgusta. Muchos anuncios son mejor que el resto de la programación. En mi casa hemos puesto ahora una antena parabólica, y podemos coger programas de toda Europa.	Das ist überall so, wirklich. Glaub nicht, dass mir das missfällt. Viele Anzeigen sind besser als das übrige Programm. Bei mir zu Hause haben wir jetzt eine Parabolantenne aufgestellt, so können wir Programme aus ganz Europa empfangen.
Eso está muy bien para aprender idiomas, con la tele se aprende mucho.	Das ist sehr gut, um Sprachen zu lernen. Durch das Fernsehen lernt man viel.

Ya lo creo, mis chicos ven los programas de la BBC, como saben inglés ...

Ja wirklich, meine Kinder sehen die Programme der BBC, da sie Englisch können ...

Una ventaja que tienen. Yo lo que no soporto son las películas subtituladas, porque si estás leyendo no atiendes a las imágenes.

Das ist ein großer Vorteil für sie. Was ich nicht ertrage, sind Filme mit Untertiteln, denn wenn du liest, passt du nicht auf die Bilder auf.

Pero muchas películas pierden con el doblaje.

Aber viele Filme verlieren durch die Synchronisation.

Yo, de todas formas, las prefiero en español.

Ich ziehe sie jedenfalls auf Spanisch vor.

12.2 Prensa

12.2 Presse

¿Me prestas el periódico?

Leihst du mir die Zeitung?

¡Claro! Toma.

Natürlich! Hier, nimm.

Yo lo compro todos los días en el quiosco que hay la lado de mi casa, pero hoy me he dormido y he tenido que irme corriendo al trabajo, así que ni me acordé de comprarlo.

Ich kaufe sie jeden Tag am Kiosk neben meinem Haus, aber heute habe ich verschlafen und musste zur Arbeit hetzen, so habe ich nicht mal mehr daran gedacht, sie zu kaufen.

Te lo puedes llevar si quieres. Yo ya lo he leído.

Du kannst sie mitnehmen, wenn du willst. Ich habe sie schon gelesen.

Muchas gracias, pero sólo quiero echarle un vistazo a los titulares, por ver qué ha pasado por el mundo.

Vielen Dank, aber ich möchte nur einen Blick auf die Schlagzeilen werfen, um zu sehen, was in der Welt passiert ist.

Lo de siempre, líos y desgracias en todas partes. Mira ... en primera página viene el anuncio del gobierno de aumentar los impuestos, y el editorial, muy bueno, también lo dedican al tema.

Immer das Gleiche, überall Schwierigkeiten und Unannehmlichkeiten. Sieh mal ... auf der ersten Seite steht die Ankündigung der Regierung, die Steuern zu erhöhen, und der Leitartikel, sehr gut, der widmet sich auch diesem Thema.

Me imagino que será bastante crítico, porque este periódico no está precisamente en la línea del gobierno.

Ich könnte mir vorstellen, dass er ziemlich kritisch ist, denn diese Zeitung liegt nicht auf der Linie der Regierung.

No creas, a mí me parece que éste es un perídico bastante independiente, dentro de lo que cabe. Hay otros que son mucho más tendenciosos.

Glaub das nicht, mir scheint, dies ist eine ziemlich unabhängige Zeitung, soweit das möglich ist. Es gibt andere, die sind viel tendenziöser.

A mí me gusta leer las cartas al director. Ahí ves por donde va la polémica del momento. Lo que nunca leo en cambio es la sección de deportes ni la de sucesos.	Ich lese gerne die Leserzuschriften. Dort siehst du, in welche Richtung die Polemik im Augenblick geht. Was ich nie lese, sind der Sportteil und die Sensationsnachrichten.
Pues yo siempre leo casi todo, aunque sea por encima. Le dedico todos los días un par de horas, y luego además, siempre hago el crucigrama.	Nun, ich lese immer fast alles, auch wenn es nur flüchtig ist. Ich widme dem täglich ein paar Stunden, und dann löse ich immer das Kreuzworträtsel.
Ahora me explico por qué estás siempre tan informado. Yo sólo lo leo entero los domingos. Además me gusta mucho el suplemento dominical.	Jetzt verstehe ich, darum du immer so gut informiert bist. Ich lese sie nur sonntags ganz. Außerdem gefällt mir die Sonntagsbeilage sehr gut.
Y a mí. Yo los domingos también compro una revista, un semanario de información económica.	Mir auch. Und sonntags kaufe ich auch eine Zeitschrift, eine Wochenzeitschrift mit Wirtschaftsinformationen.
¿Sabes que yo he puesto un anuncio por palabras?	Weißt du, dass ich eine Kleinanzeige aufgegeben habe?
¡Ah! ¿Sí? ¿Para qué?	Ach, tatsächlich! Wozu?
Quiero vender mi coche. Un anuncio no sale muy caro y lo puede leer mucha gente.	Ich möchte mein Auto verkaufen. Eine Anzeige ist nicht teuer und viele Leute können sie lesen.

13. El cuerpo humano y la salud

13. Der menschliche Körper und die Gesundheit

13.1 Aspecto exterior

13.1 Äußere Erscheinung

Hay gente que le da mucha importancia a su aspecto exterior y que no se preocupa de otra cosa. A mí me parece que no debe dársele demasiada importancia a eso.

Es gibt Leute, die nehmen ihr Äußeres sehr wichtig und denken an nichts anderes. Ich finde, man sollte dem nicht zu viel Bedeutung beimessen.

Pues yo creo que la pinta que lleves es muy importante, al fin y al cabo es lo primero que los demás conocen de ti, y ahí se pueden ver también algo de tu carácter y personalidad. ¡Si siempre vas hecho un guarro, es que en realidad eres un guarro!

Nun, ich glaube, das Aussehen ist sehr wichtig, schließlich ist es das Erste, was man an dir kennenlernt, und man kann daraus auch etwas über deinen Charakter und deine Persönlichkeit entnehmen. Wenn du immer wie ein Schmutzfink herumrennst, bist du in Wirklichkeit ein Schmutzfink!

¡Hombre, eso ya lo sé! Yo no estoy diciendo ni mucho menos que haya que ir harapiento. Lo que no me gusta es, por ejemplo, las mujeres que van requetepintadas ni los hombres demasiado atildados.

Mann, das weiß ich schon! Ich sage ja keineswegs, dass man in Lumpen laufen soll. Was ich z. B. nicht mag, sind zu sehr angemalte Frauen oder herausgeputzte Männer.

Pues yo todo lo contrario, a mí, lo que me gusta de verdad es la gente con muchos detalles, que vaya a la moda y con gusto.

Bei mir ist das Gegenteil der Fall, was mir wirklich gefällt sind Leute, die auf Details Wert legen, modisch gekleidet und mit Geschmack.

Yo no soporto eso de ir de tiendas. Me compro lo primero que veo que me resulte práctico y no doy muchas vueltas.

Ich kann es nicht ausstehen, bummeln zu gehen. Ich kaufe das Erste, das ich sehe und das mir praktisch erscheint, und denke nicht lange darüber nach.

¡Tú te lo pierdes!, porque a mí me resulta divertidísimo.

Da versäumst du aber was! Ich finde es sehr unterhaltsam.

Yo prefiero cuidar menos el exterior y más el cuerpo, por eso hago mucho deporte. A mí tampoco me gustaría, desde luego, estar muy gordo.

Ich ziehe es vor, weniger das Äußere zu pflegen als den Körper, deshalb treibe ich viel Sport. Ich möchte natürlich auch nicht gerne sehr dick sein.

Para mí cuidar la línea es un sufrimiento. Soy muy dado a engordar así que tengo que tener muchísimo cuidado con lo que como.

Ich leide, wenn ich auf die Linie achten muss. Ich neige sehr dazu, zuzunehmen, sodass ich sehr mit dem Essen aufpassen muss.

13.2 Salud

13.2 Gesundheit

Al fin y al cabo, lo importante de verdad es la salud.

Letztendlich ist die Gesundheit das, was wirklich wichtig ist.

Desde luego, eso es lo principal. Por cierto, hoy he visto a Pedro y tenía muy mala cara. Me ha dicho que ha tenido la gripe y que ha quedado muy débil.

Selbstverständlich, das ist die Hauptsache. Übrigens habe ich heute Pedro gesehen, und er sah sehr schlecht aus. Er sagte mir, er habe Grippe gehabt und sei noch sehr schwach.

No me extraña, yo la pasé hace poco y este año el virus es muy fuerte, yo también quedé hecho polvo.

Das wundert mich nicht, ich hatte sie vor Kurzem, und dieses Jahr ist der Virus sehr stark, ich war danach auch völlig fertig.

Y lo peor es tener una recaída, eso te puede traer complicaciones más graves. Yo le dije a Pedro que debería guardar cama unos días más, pero ya sabes cómo es él …

Und das Schlimmste ist, einen Rückschlag zu bekommen, das kann schwerwiegende Komplikationen mit sich bringen. Ich habe Pedro gesagt, dass er noch einige Tage länger im Bett bleiben sollte, aber du weißt ja, wie er ist …

¿Tú te has puesto la vacuna?

Hast du dich impfen lassen?

¿De qué? ¿De la gripe?

Wogegen? Gegen die Grippe?

Sí, claro.

Ja, natürlich.

Pues no, unos dicen que es efectiva y otros que no sirve para nada. Yo la verdad es que no me la he puesto porque no he tenido tiempo, si no me la hubiera puesto, por si acaso … Ya sabes que más vale prevenir que curar.

Nein, manche sagen, dass das hilft, andere, dass das nichts nützt. Nun, um ehrlich zu sein, ich habe mich nicht impfen lassen, weil ich keine Zeit hatte, sonst hätte ich es schon getan, für alle Fälle … Du weißt ja, vorsorgen ist besser als heilen.

Eso es verdad, pero a mí no me gusta tomar ninguna medicina. Ya sabes que hay mucha gente que abusa. Pero yo no. A no ser que esté muy muy mal, prefiero no tomar nada.

Das ist richtig, aber ich mag überhaupt keine Medizin nehmen. Du weißt ja, dass viele Leute Missbrauch damit treiben. Aber ich nicht. Wenn es mir nicht ganz furchtbar schlecht geht, nehme ich lieber nichts.

Pues yo tomo algunos medicamentos. La verdad es que no tengo ninguna salud de hierro. Nada grave, pero ya sabes, los problemillas de la edad: que si la tensión demasiado alta, que si el colesterol, … Uno tiene que cuidarse, porque ya no es un chaval.

Nun, ich nehme einige Medikamente. Ich habe wirklich keine eiserne Gesundheit. Nichts Schlimmes, aber du weißt ja, die Problemchen des Alters: hier der hohe Blutdruck, dort das Cholesterin, … Man muss aufpassen, weil man ja kein Jüngling mehr ist.

Lo que es un fastidio es la artritis, yo hay días que no me puedo ni mover. Estoy haciendo un tratamiento, pero yo no noto ninguna mejoría. Estoy pensando en cambiar de médico.

Die Arthritis ist wirklich eine Plage, es gibt Tage, an denen ich mich kaum bewegen kann. Ich bin gerade in Behandlung, aber ich spüre keine Besserung. Ich denke daran, den Arzt zu wechseln.

A mí me va muy bien con un homeópata, si quieres te puedo dar su dirección.

Ich fahre ganz gut mit einem Homöopathen, wenn du willst, gebe ich dir seine Adresse.

No sé, es que yo soy un poco desconfiado de lo que no sea la medicina tradicional …

Ich weiß nicht, ich bin nämlich etwas misstrauisch allem gegenüber, was nicht die traditionelle Medizin ist.

¡Pues allá tú!, porque a mucha gente le da muy buen resultado. A mí desde luego, lo que me parece horrible son los grandes hospitales, lo veo todo tan frío …

Aber geh! Vielen Leuten bekommt das nämlich sehr gut. Was mir jedoch schrecklich erscheint, sind die großen Kliniken, es wirkt alles so kalt.

Pero en cambio tienes todos los aparatos necesarios para cualquier problema. A mí me hicieron un chequeo hace unos días y me quedé impresionado de la cantidad de medios técnicos que tienen. Ahora hay muchos adelantos, no es como antes …

Aber dafür hast du alle nötigen Apparate für jegliches Problem. Ich habe mich vor einigen Tagen durchchecken lassen und war beeindruckt von der Menge der technischen Hilfsmittel, die sie haben. Es gibt große Fortschritte, es ist nicht wie früher.

Sí, pero no todo se arregla con aparatos sofisticados. Si no hay un buen cirujano, por ejemplo, de nada te sirve el mejor aparato.

Ja, aber man kann nicht alles mit hochtechnischen Apparaten in Ordnung bringen. Wenn der Chirurg nicht gut ist, nützt der beste Apparat nichts.

En eso llevas toda la razón. Y no siempre es fácil encontrar buenos médicos.

Hier hast du vollkommen recht. Und es ist nicht immer leicht, gute Ärzte zu finden.

Por eso te recomiendo al mío, hazme caso y visítalo.

Deshalb empfehle ich dir meinen, hör auf mich und geh zu ihm.

Sí, puede que sí. Dame su teléfono, voy a llamar a la consulta mañana mismo para pedir hora.

Ja, es kann sein. Gib mir seine Telefonnummer und ich werde ihn gleich morgen in der Sprechstunde anrufen, um einen Termin zu vereinbaren.

13.3 Consulta médica	13.3 Arztbesuch
¿Qué molestias tiene Vd.?	Was für Beschwerden haben Sie?
¿Tiene dolores de cabeza, mareos, vómitos ...?	Haben Sie Kopfschmerzen, Schwindelgefühle, Brechreiz?
¿Cuándo empezó a sentir molestias?	Wann fingen die Beschwerden an?
¿Ha tanido Vd. fiebre? ¿Qué temperatura?	Hatten Sie Fieber? Welche Temperatur?
¿Había Vd. tenido antes este tipo de molestias?	Hatten Sie früher schon einmal diese Art Beschwerden?
¿Ha estado Vd. anteriormente en tratamiento?	Waren Sie in letzter Zeit in Behandlung?
¿Ha padecido Vd. recientemente alguna enfermedad infecciosa?	Haben Sie in letzter Zeit irgendeine Infektionskrankheit durchgemacht?
¿Padece Vd. del hígado?	Haben Sie ein Leberleiden?
¿Tiene mucha tos por las noches o estornuda con frecuencia?	Müssen Sie in der Nacht viel husten oder niesen Sie häufig?
¿Puede respirar bien o siente sensación de ahogo?	Können Sie gut durchatmen oder haben Sie ein Erstickungsgefühl?
¿Tiene algún tipo de problema circulatorio o alguna insuficiencia renal?	Haben Sie irgendein Kreislaufproblem oder eine Nierenschwäche?
¿De qué ha sido Vd. vacunado?	Wogegen sind Sie geimpft?
Nunca había tenido ninguna enfermedad importante.	Ich hatte noch nie eine schwere Krankheit.
Hasta ahora siempre he tenido una salud de hierro.	Bis jetzt hatte ich immer eine eiserne Gesundheit.
Soy muy delicado de salud, siempre tengo algún tipo de problema.	Ich bin sehr anfällig, immer habe ich irgendwelche Probleme.
La úlcera de estómago me hace la vida imposible.	Das Magengeschwür macht mir das Leben unmöglich.
Desde que tuve el infarto me cuido mucho más. He dejado de fumar y apenas bebo.	Seit ich den Infarkt hatte, passe ich viel besser auf mich auf. Ich habe aufgehört zu rauchen und trinke kaum noch.
He estado dos semanas yendo a pincharme.	Ich habe mir zwei Wochen lang Spritzen geben lassen.
Tengo que ir todas las semanas al practicante a ponerme una inyección.	Ich muss jede Woche zum Arzthelfer gehen und mir eine Spritze geben lassen.

Tengo que tomar a menudo unas gotas porque tengo la tensión muy alta.	Ich muss oft Tropfen nehmen, weil ich einen sehr hohen Blutdruck habe.
Con el calor me baja mucho la tensión.	Bei dieser Hitze geht mein Blutdruck sehr nach unten.
Una vez por semana tengo que ir a tomarme la tensión.	Einmal in der Woche muss ich meinen Blutdruck messen lassen.
Soy muy aprensivo, y por cualquier dolorcito ya me creo que tengo algo muy grave.	Ich bin überängstlich, beim geringsten Schmerz glaube ich schon, dass ich etwas Ernstes habe.
Tengo unos dolores tan fuertes por el reuma que no he podido pegar ojo en toda la noche.	Ich habe so starke Schmerzen durch das Rheuma, dass ich die ganze Nacht kein Auge zugemacht habe.
Con el agotamiento que tengo debo estar muy bajo de defensas.	So erschöpft wie ich bin, habe ich sicher wenig Abwehrkräfte.
¡No juegue con su salud! Hágame caso y deje de fumar radicalmente.	Spielen Sie nicht mit Ihrer Gesundheit! Hören Sie auf mich und hören Sie strikt auf zu rauchen.
Le voy a recetar un complejo vitamínico para fortalecerle.	Ich werde Ihnen ein kombiniertes Vitaminpräparat verschreiben, um Sie zu kräftigen.
Debe Vd. guardar cama durante tres días.	Sie müssen drei Tage Bettruhe halten.
Si no se cuida va a tener problemas más serios.	Wenn Sie nicht auf sich aufpassen, werden Sie ernstere Probleme bekommen.
Va a tener que ingresar en el hospital para que le operen.	Sie werden zur Operation ins Krankenhaus müssen.
Le voy a dar de baja en el trabajo durante una semana.	Ich werde Sie eine Woche krankschreiben.
Vamos a hacerle unos análisis de sangre y de orina.	Wir werden eine Blut- und Urinuntersuchung machen.
Es preciso hacerle una radiografía para ver cómo es la fractura del hueso.	Es empfiehlt sich, eine Röntgenaufnahme zu machen, um zu sehen, wie der Knochenbruch aussieht.
Le haremos una ecografía para ver el estado del feto.	Wir werden eine Ultraschallaufnahme machen, um das Stadium des Embryos zu erkennen.

Estas tabletas que le voy a recetar tómeselas sólo en caso de que los dolores sean muy intensos.

Nehmen Sie diese Tabletten, die ich Ihnen jetzt verschreibe, nur dann, wenn die Schmerzen sehr intensiv werden.

Tómese este jarabe. Una cucharadita por las mañanas al levantarse, otra al mediodía antes de las comidas y otra antes de acostarse.

Nehmen Sie diesen Saft. Ein Löffelchen am Morgen nach dem Aufstehen, einen mittags vor dem Essen und einen vor dem Schlafengehen.

Tómese dos cápsulas dos veces al día, después de la comida y después de la cena.

Nehmen Sie zwei Kapseln zweimal täglich, nach dem Mittagessen und nach dem Abendessen.

Le voy a recetar cuatro inyecciones.

Ich werde Ihnen vier Spritzen verschreiben.

Vd. tiene una infección bastante fuerte, así que le voy a mandar antibióticos.

Sie haben eine ziemlich schwere Infektion, deshalb werde ich Ihnen Antibiotika verschreiben.

Si vuelve a tener dolores fuertes llame inmediatamente al médico de urgencia.

Wenn Sie wieder starke Schmerzen bekommen, rufen Sie sofort den Notarzt.

Pida rápidamente una ambulancia si siente dolor.

Rufen Sie schnell einen Krankenwagen, wenn Sie Schmerzen fühlen.

La apendicitis hay que operarla inmediatamente.

Blinddarmentzündung muss man sofort operieren.

No se preocupe Vd., es una operación sencilla y que no tiene nunca ningún tipo de complicaciones.

Seien Sie unbesorgt, es ist eine einfache Operation, die keine Komplikationen mit sich bringt.

14 Sociedad y cultura / 14. Gesellschaft und Kultur

14.1 Familia / 14.1 Familie

¡Hombre, Raúl, cuanto tiempo sin verte! ¿Cómo estás? ¿Qué tal os va?	Mensch, Raúl, wie lange haben wir uns nicht gesehen! Wie geht es dir? Wie ist es euch ergangen?
Bueno, pues no nos podemos quejar, no nos van mal las cosas.	Gut, nun, wir können uns nicht beklagen, es geht uns nicht schlecht.
Me enteré que tuviste familia ...	Ich habe erfahren, dass du Nachwuchs bekommen hast.
Pues sí, en marzo tuvimos una niña.	Richtig, im März haben wir ein Mädchen bekommen.
¡Vaya, vaya! ¡Cómo corre el tiempo! Parece que fue ayer cuando estábamos en el colegio haciendo gamberradas y ahora ya te veo casado, padre de familia, con un hijo ...	Alle Achtung! Wie die Zeit vergeht! Es kommt einem vor, als wäre es gestern gewesen, als wir in der Schule waren und Unsinn trieben, und jetzt bist du verheiratet, Familienvater, mit einem Kind ...
Con dos. Ya tenía otro que tiene ahora dos años, un niño.	Mit zweien. Ich hatte bereits eines, das jetzt zwei Jahre alt ist, einen Jungen.
¡Pero qué me cuentas! ¡No es posible! ¡Quién lo hubiera dicho! ¡Vaya con Raulito! ¿Y cómo sigue Teresa?	Was höre ich da! Das ist nicht möglich! Wer hätte das gedacht! Sieh mal einer den Raúl an! Und wie geht's Teresa?
¡Pues imagínate!, ahora con los dos críos atereadísima, pero como a ella le encantan los niños pues está que no cabe en sí de contenta.	Stell dir vor, sie ist jetzt mit den beiden Kleinen voll beschäftigt, aber da sie ein Kindernarr ist, ist sie überglücklich.
¿Y qué tal duermen? ¿Podéis dormir por las noches con los dos?	Und wie schlafen sie? Könnt ihr mit den beiden nachts schlafen?
Bueno, los niños han salido bastante tranquilos. Hemos tenido suerte porque duermen muy bien y no molestan mucho.	Nun, die Kinder sind ziemlich ruhig. Wir hatten Glück, denn sie schlafen gut und stören nicht sehr.
Pues me alegro mucho.	Das freut mich sehr.
¿Y tú qué? ¿Te has casado? ¿Tienes novia ya o sigues soltero y sin compromiso?	Und was ist mit dir? Hast du geheiratet? Hast du jetzt eine Freundin oder bist du noch Junggeselle ohne Verpflichtungen?
Yo sigo soltero. He estado viviendo en casa de mis padres hasta hace unos meses, que he comprado un apartamento.	Ich bin immer noch Junggeselle. Ich wohnte bei meinen Eltern bis vor einigen Monaten, da habe ich mir ein Appartement gekauft.

¿Y tus padres cómo siguen?	Und deine Eltern, wie geht es denen?
Están muy bien. Sólo mi padre tuvo algún problemilla de salud pero ya está completamente recuperado. Ya sabes que él siempre ha sido fuerte como un toro.	Es geht ihnen sehr gut. Nur mein Vater hatte ein kleines Problem mit der Gesundheit, aber jetzt ist er wieder ganz in Ordnung. Du weißt ja, dass er immer stark wie ein Stier war.
¿Y tu hermano Rafa como sigue? ¿Tan deportista como siempre?	Und wie geht es deinem Bruder Rafa? Ist er noch so sportlich wie immer?
Sí, sigue haciendo mucho deporte. Ahora está estudiando una carrera. Este año ha empezado a ir a la universidad a estudiar derecho.	Ja, er treibt immer noch viel Sport. Jetzt studiert er. Dieses Jahr hat er an der Universität begonnen, Jura zu studieren.
Pues ya estará casi en edad de hacer la mili.	Er wird jetzt in dem Alter sein, wo er seinen Militärdienst absolvieren muss.
Sí, debería ir este año, pero ha pedido prórroga hasta que termine los estudios.	Ja, er müsste dieses Jahr gehen, aber er hat Aufschub beantragt bis zur Beendigung des Studiums.
Pues ha hecho muy bien. Dale muchos recuerdos. Y también a tus padres.	Das hat er gut gemacht. Grüße ihn bitte vielmals von mir. Und deine Eltern auch.
Mañana recibimos visita, viene a vernos mi tía María.	Morgen bekommen wir Besuch, meine Tante Maria kommt uns besuchen.
¡Qué bien! ¡Mi tío Luis y mi prima Toñi van a venir con nosotros al cine esta tarde!	Wie schön! Mein Onkel Luis und meine Cousine Toni gehen heute Nachmittag mit uns ins Kino.
¿Sabes que el primo Andrés se casa el mes que viene?	Weißt du, dass mein Cousin Andrés im kommenden Monat heiratet?
¿A que no te imaginas quiénes van a venir a visitarnos el próximo fin de semana? ¡Los primos de Galicia!	Du kannst dir sicher nicht vorstellen, wer uns nächstes Wochenende besuchen kommt? Die Vettern aus Galicien!
¡Qué increíble la vitalidad que tiene la abuela para su edad!	Es ist unglaublich, wie vital die Großmutter für ihr Alter ist.
¡El abuelo fuma como un carretero! Y lo malo es que a su edad va a ser muy difícil convencerle de que lo deje.	Der Großvater raucht wie ein Müllkutscher! Das Schlimme ist, dass es in seinem Alter sehr schwierig sein wird, ihn davon zu überzeugen, dass er es lässt.

¡Qué suerte tienen algunos! ¡Recibir un montón de millones de herencia de un pariente lejano al que ni siquiera conocía!

Was für ein Glück manche Leute haben! Viele Millionen zu erben von einem entfernten Verwandten, den man nicht einmal gekannt hat!

¡Vaya familia! ¡Qué barbaridad, siempre están de trifulca!

Was für eine Familie! Wie schrecklich, ständig liegen sie im Streit miteinander!

Da gusto ver una familia tan bien avenida.

Es tut gut, eine so zufriedene Familie zu sehen.

Ese carácter tan endemoniado debe ser cosa de familia. Los padres y los hijos son todos iguales.

Dieser teuflische Charakter muss in der Familie liegen. Eltern und Kinder sind alle gleich.

El niño es clavado a su madre. Tiene los mismos ojos y la misma nariz.

Der Junge ist das Ebenbild seiner Mutter. Er hat die gleichen Augen und die gleiche Nase.

¡Hay que ver! ¡Le ha salido a su padre en todo!

Sieh mal an! Er kommt in allem nach seinem Vater.

14.2 Política

14.2 Politik

¿Sabes ya a quién vas a votar en las elecciones el domingo?

Weißt du schon, wen du bei den Wahlen am Sonntag wählen wirst?

Pues mira, chico, la verdad es que estoy todavía indeciso … Ya sabes que todos prometen mucho durante las elecciones, pero luego a la hora de cumplir …

Sieh mal, mein Junge, ich bin wirklich noch unentschlossen … Du weißt ja, alle versprechen viel während der Wahlen, aber dann, wenn sie es halten sollen …

En eso llevas mucha razón, todos prometen el oro y el moro, pero a la hora de la verdad, si te he visto no me acuerdo, pero a alguien tendrás que votar de todas formas, digo yo, ¿o es que piensas abstenerte?

Da hast du vollkommen recht, alle versprechen das Blaue vom Himmel, aber in der Stunde der Wahrheit wissen sie von nichts mehr, aber irgendjemanden muss man wählen, oder willst du dich der Stimme enthalten?

No, que va, yo estoy en contra de la abstención y siempre he votado, sólo que me estoy pensando a quién le voy a dar mi voto.

Nein, von wegen, ich bin gegen die Stimmenthaltung und habe immer gewählt, ich überlege nur, wem ich meine Stimme geben werde.

Esta noche hay un debate electoral entre el presidente del gobierno y el líder de la oposición. Lo echan por televisión. Te lo digo por si lo quieres ver.

Heute Abend ist eine Wahldebatte zwischen dem Regierungspräsidenten und dem Oppositionsführer. Sie bringen es im Fernsehen. Ich sage dir das, falls du es sehen willst.

Pues sí que lo voy a ver, a ver si alguno me convence.	Natürlich werde ich es sehen, mal sehen, ob einer mich überzeugt.
¿Tú has leído el programa electoral de algún partido?	Hast du das Wahlprogramm von irgendeiner Partei gelesen?
No, no tengo tanto tiempo ni paciencia, sólo conozco lo que voy viendo y oyendo en la campaña.	Nein, ich habe weder so viel Zeit noch Geduld, ich weiß nur, was ich während der Kampagne sehe und höre.
¡Que ya es bastante, porque no se oye hablar de otra cosa desde hace semanas!	Das ist schon einiges, denn seit Wochen hört man von nichts anderem sprechen.
¡Y que lo digas! ¡Y la ciudad llena de carteles y de propaganda ...!	Aber wirklich! Und die Stadt ist voll von Plakaten und Propaganda!
Está animadísima, y mítines todos los días. ¿Has ido a alguno?	Es ist viel los und jeden Tag Versammlungen. Bist du zu einer gegangen?
No, yo no soporto las aglomeraciones, prefiero escucharlo todo por la televisión tranquilamemte.	Nein, ich kann Menschenansammlungen nicht ertragen, ich ziehe es vor, das alles in Ruhe im Fernsehen zu hören.
¿Tienes ya las papeletas electorales?	Hast du schon die Wahlunterlagen?
Sí, me las han mandado por correo ya varios partidos, las de la propia lista claro, ¿tú las tienes ya?	Ja, sie sind mir von verschiedenen Parteien mit der Post geschickt worden, die, die auf der Liste stehen, natürlich. Hast du sie schon?
Yo no, pero ya las cogeré en la cabina, en el colegio electoral.	Ich nicht, aber ich nehme sie mir in der Kabine, im Wahllokal.
¿Dónde tienes tú que votar?	Wo musst du wählen?
En un instituto que hay al lado de mi casa, donde estudian mis hijos.	In einer Schule in der Nähe meiner Wohnung, wo meine Kinder zur Schule gehen.
Yo tengo que mirar en las listas del censo electoral y ver si estoy registrado, no vaya a ser que luego no pueda votar.	Ich muss in die Wählerliste sehen, ob ich auch registriert bin, womöglich kann ich sonst nicht wählen.
Yo ya me he mirado esta mañana y estaba en la lista.	Ich habe heute Morgen schon nachgesehen und war in der Liste.
¿A qué hora vas tú a votar?	Um wie viel Uhr gehst du zum Wählen?
A primera hora, en cuanto abran el colegio, porque luego más tarde ya hay cola.	Ganz früh, wenn sie das Wahllokal öffnen, denn später muss man Schlange stehen.

¿Sabes que hoy han venido a preguntarme a quién iba a votar? Estaban haciendo una encuesta para luego sacar una estadística con las espectativas de voto.	Weißt du, dass ich heute gefragt worden bin, wen ich wählen werde? Sie haben eine Umfrage gemacht, um dann eine Statistik für den Wahlausgang zu erstellen.
Todos los días están publicando en los periódicos sondeos y luego no siempre coinciden, que es lo curioso.	Täglich werden in den Zeitungen Umfragen veröffentlicht, die später nicht immer übereinstimmen, das ist das Seltsame daran.
En una cosa sí están de acuerdo y es que hay todavía muchos indecisos.	In einem stimmen sie schon überein und das ist, dass es immer noch viele Unentschlossene gibt.
Sí, y al final los indecisos son siempre los que deciden el resultado final.	Ja, und am Ende sind es die Unentschlossenen, die das Endergebnis bestimmen.
Y los votos por correo. Acuérdate la última vez que había en juego un escaño para poder conseguir el gobierno la mayoría absoluta y se pudo saber fijo sólo despues del recuento de los votos por correo.	Und die Stimmen aus der Briefwahl. Denk an das letzte Mal, wo es um ein Mandat ging, damit die Regierung die absolute Mehrheit bekam, und man wusste es erst genau nach Auszählung der Briefwahlstimmen.
Pues nos vamos a tener que ir decidiendo, porque pasado mañana será ya el cierre de la campaña electoral.	Nun, wir werden uns entscheiden müssen, denn übermorgen ist bereits das Ende der Wahlkampagne.
Juan se ha metido a político. Ahora se pasa el día con el politiqueo y no le queda tiempo para nada.	Juan ist in die Politik gegangen. Jetzt verbringt er den Tag mit Politisieren und hat für nichts mehr Zeit.
Yo no soy de ningún partido.	Ich bin in keiner Partei.
Meterse en política supone adquirir muchos compromisos y responsabilidades.	In die Politik zu gehen heißt, viele Verpflichtungen und Verantwortungen auf sich nehmen.
Mi hermano es militante de un partido político.	Mein Bruder ist Aktivist in einer politischen Partei.
Entrada la madrugada se terminó el recuento de los votos y se pudo conocer que el partido del gobierno había sido el ganador por un estrecho margen de votos.	Als der Morgen graute, war die Stimmenauszählung beendet und man konnte erfahren, dass die Regierungspartei mit geringer Stimmenmehrheit gewonnen hatte.
El partido del gobierno ha perdido la mayoría absoluta por sólo un escaño.	Die Regierungspartei hat die absolute Mehrheit wegen eines Mandats verloren.

El partido del gobierno cuenta con la mayoría absoluta, de manera que puede gobernar en solitario sin necesidad de pactos con otras fuerzas.

Die Regierungspartei hat die absolute Mehrheit und kann so allein regieren, ohne Notwendigkeit eines Paktes mit anderen Kräften.

El principal partido de la oposición ha conseguido obtener en las elecciones 120 escaños en el Congreso.

Die Hauptpartei der Opposition konnte in den Wahlen 120 Sitze im Kongress erreichen.

Los diputados y senadores electos jurarán mañana al acatamiento a la Constitución y tomarán posesión de su cargo.

Die Abgeordneten und Senatoren werden morgen den Eid auf die Verfassung schwören und ihre Ämter antreten.

Todos los líderes de los partidos participantes en las elecciones han manifestado estar satisfechos con los resultados obtenidos en las urnas.

Alle Führer der Parteien, die an den Wahlen teilgenommen hatten, erklärten, dass sie mit den Wahlergebnissen zufrieden seien.

El presidente ha formado gobierno y ha nombrado a cinco ministros que no estaban en el anterior gabinete.

Der Präsident hat die Regierung gebildet und fünf Minister ernannt, die nicht im vorherigen Kabinett gewesen sind.

El presidente del ejecutivo ha convocado consejo de ministros extraordinario.

Der Regierungspräsident hat einen außerordentlichen Ministerrat einberufen.

Se ha abierto una crisis de gobierno que llevará al presidente a remodelar su gabinete.

Es ist eine Regierungskrise eingetreten, die den Präsidenten veranlassen wird, sein Kabinett umzubilden.

El Rey es el Jefe del Estado Español.

Der König ist der spanische Staatschef.

14.3 Economía

14.3 Wirtschaft

¿Has leído en el periódico las declaraciones del ministro de economía?

Hast du in der Zeitung die Erklärungen des Wirtschaftsministers gelesen?

Pues no, pero me imagino que no habrá dicho nada bueno. Ese hombre cada vez que hace unas declaraciones es para darnos un disgusto.

Nein, aber ich stelle mir vor, dass er nichts Gutes gesagt haben wird. Immer wenn dieser Mann eine Erklärung abgibt, bereitet er uns Ärger.

Hombre, no exageres, tampoco es tan así como dices, pero esta vez si que llevas razón, según lo que he leído.

Mann, übertreib nicht, so ist es auch wieder nicht, aber diesmal hast du schon recht, nach dem, was ich gelesen habe.

¿Y qué dice?	Und was sagt er?
Pues que gastamos mucho y que no producimos tanto y que nos vamos a tener que ajustar el cinturón, porque esto no puede seguir así y como no cambie se va al garete.	Nun, dass wir viel ausgeben und nicht so viel produzieren und dass wir den Gürtel enger schnallen müssen, denn so kann es nicht weitergehen, und wenn sich das nicht ändert, wird es schiefgehen.
Pues yo no sé quiénes serán los que gastan tanto, a mí desde luego el sueldo me lo han subido bien poco y el cinturón ya lo tengo bien ajustado.	Also ich weiß nicht, wer hier so viel ausgibt, mir jedenfalls ist das Gehalt ziemlich wenig erhöht worden und der Gürtel sitzt mir bereits schön eng.
Pues prepárate amigo, que cuando empiezan con estas declaraciones, es que algo se avecina. Ya se rumorea que va a haber una reforma fiscal, o sea, que seguramente nos van a quitar más de impuestos.	Dann sei bereit, mein Freund, denn wenn sie mit diesen Erklärungen anfangen, ist etwas im Busch. Man munkelt bereits, dass es eine Finanzreform geben wird, was heißt, dass sie uns noch mehr durch Steuern wegnehmen werden.
Pues lo que faltaba, por los pelos no me ha salido positiva la declaración de la renta del año pasado. ¿A ti te devolvieron algo?	Das fehlte noch, um ein Haar ist meine Steuererklärung des vergangenen Jahres nicht positiv ausgefallen. Hast du etwas zurückbekommen?
¿A mí? Cuatro cuartos, para unas cañas.	Ich? Ein paar Cent, für ein paar Bierchen.
¿Cómo marcha la empresa donde trabajas ahora?	Wie läuft die Firma, in der du jetzt arbeitest?
Hombre, vamos tirando, pero la situación tampoco es lo que se dice muy boyante.	Nun, es geht so, aber die Situation ist auch nicht so, dass man sie besonders erfolgreich nennen könnte.
¿Y tu negocio cómo va?	Und wie geht dein Geschäft?
Pues lo mismo, vamos tirando pero con algunos problemas. Ahora estoy pensando en pedir un crédito al banco para hacer algunas reformas necesarias.	Das Gleiche, wir schlagen uns durch, aber mit Problemen. Ich bin jetzt am Überlegen, ob ich bei der Bank einen Kredit aufnehmen soll, um einige nötige Verbesserungen durchzuführen.
Es una tontería tener el dinero parado sin que produzca apenas. Hay que invertirlo, hay que ponerlo a trabajar.	Es ist Unsinn, das Geld da liegen zu haben, sodass es kaum Ertrag bringt. Man muss es investieren und arbeiten lassen.
Las bases del partido del gobierno están en desacuerdo con la nueva política económica que se está llevando a cabo.	Die Grundzüge der Regierungspartei stimmen nicht überein mit der neuen aktuellen Wirtschaftspolitik.

Los sindicatos han amenazado con convocar a la huelga si el gobierno no rectifica su política económica.

Die Gewerkschaften drohten, zum Streik aufzurufen, wenn die Regierung ihre Wirtschaftspolitik nicht korrigiert.

La patronal ha advertido al gobierno de que una elevación de los impuestos repercutiría negativamente en el crecimiento económico.

Die Arbeitgebervereinigung hat die Regierung gewarnt, dass eine Steuererhöhung sich negativ auf das wirtschaftliche Wachstum auswirken wird.

El recorte de los presupuestos del estado de este año afectará negativamente a las prestaciones sociales.

Die Kürzung des Staatshaushalts für dieses Jahr wird die Sozialleistungen negativ beeinflussen.

La inflación superó el pasado año el 6 %.

Die Inflation überstieg im letzten Jahr sechs Prozent.

El crecimiento del producto interior bruto ha sido muy considerable en los últimos años.

Das Wachstum des Bruttosozialprodukts war in den letzten Jahren beträchtlich.

Es muy probable que bajen los tipos de interés.

Es ist sehr wahrscheinlich, dass die Zinssätze fallen.

La especulación ha hecho que el precio de la vivienda aumente muchísimo en los últimos meses.

Die Spekulation hat bewirkt, dass der Preis für Wohnungen in den letzten Monaten sehr stark gestiegen ist.

A pesar de los aumentos de sueldo logrados en las negociaciones de los convenios colectivos, el poder adquisitivo de los asalariados, en general, ha descendido.

Trotz der Lohnerhöhungen, die in den Verhandlungen der Tarifpartner erzielt wurden, ist die Kaufkraft der Arbeitnehmer im Allgemeinen zurückgegangen.

El gobierno negocia con representantes de la patronal y de los sindicatos para intentar llegar a un acuerdo que permita alcanzar un pacto social.

Die Regierung verhandelt mit Vertretern der Arbeitgeber und der Gewerkschaften, um zu versuchen, zu einer Einigung zu kommen, die es erlaubt, einen Sozialpakt abzuschließen.

La reducción de la jornada laboral podrá llevarse a cabo, sólamente, si se demuestra que se mantendrán los niveles de productividad actuales.

Die Verkürzung der täglichen Arbeitszeit kann nur durchgeführt werden, wenn sich zeigt, dass das aktuelle Produktivitätsniveau beibehalten wird.

La balanza de pagos sigue siendo deficitaria, aunque ha habido una evolución positiva en los últimos tiempos.

Die Zahlungsbilanz bleibt weiterhin negativ, auch wenn in letzter Zeit eine positive Entwicklung zu verzeichnen war.

Los ingresos de divisas en concepto de turismo han descendido de una manera sensible en el último año.

Die Deviseneinkünfte durch den Tourismus sind im letzten Jahr spürbar zurückgegangen.

Las inversiones de capital extranjero en nuestro país han seguido aumentando y varias multinacionales se han implantado en el territorio nacional.	Die Investitionen von Auslandskapital in unserem Land haben weiter zugenommen und verschiedene multinationale Firmen haben sich auf nationalem Territorium niedergelassen.
La diversificación de la economía y el desarrollo de nuevas tecnologías son una necesidad urgente.	Die Diversifikation der Wirtschaft und die Entwicklung neuer Technologien sind eine dringende Notwendigkeit.
Hay que abaratar los costes de producción.	Man muss die Produktionskosten senken.
Invertir los ahorros en acciones tiene su riesgo, pero también se pueden obtener importantes ganancias.	Die Ersparnisse in Aktien anzulegen, birgt ein gewisses Risiko, aber man kann auch beachtliche Gewinne dadurch erzielen.
La bolsa ha subido mucho en las últimas semanas.	Die Börse ist in den letzten Wochen sehr in die Höhe gegangen.
El negocio de que me hablas puede ser bastante rentable, pero se precisa invertir un capital bastante considerable.	Das Geschäft, von dem du sprichst, kann sehr rentabel sein, aber man muss auch ein beträchtliches Kapital investieren.
El negocio da bastantes beneficios y estamos pensando en ampliarlo y abrir una sucursal en el centro de la ciudad.	Das Geschäft wirft ganz guten Gewinn ab und wir sind am Überlegen, es zu erweitern und im Stadtzentrum eine Filiale zu eröffnen.
Para modernizar esta empresa va a ser necesario invertir mucho dinero.	Um diese Firma zu modernisieren, wird es nötig sein, viel Geld zu investieren.
Por el momento hay tanto trabajo en la fábrica que muchos obreros están haciendo horas extras.	Im Moment haben wir in der Fabrik so viel Arbeit, dass viele Arbeiter Überstunden machen.

14.4 Policía y delincuencia / 14.4 Polizei und Verbrechen

Buenos días, quiero poner una denuncia. ¡Me han robado la cartera!	Guten Tag, ich möchte eine Anzeige erstatten. Mir ist die Brieftasche gestohlen worden.
¿Cuándo ha sido?	Wann war das?
Seguramente ha sido en la aglomeración de gente que había a la salida de los grandes almacenes, pero no me ha dado ni cuenta.	Das war sicher in der Menschenansammlung am Ausgang des Kaufhauses, aber ich habe es nicht einmal gemerkt.

¿Qué llevaba en la cartera?	Was hatten Sie in der Brieftasche?
Pues toda la documentación: el carné de identidad, el carné de conducir, unos treinta euros y una tarjeta de crédito.	Nun, alle meine Papiere: den Personalausweis, den Führerschein, etwa dreißig Euro und eine Kreditkarte.
Hay en España varias clases de policía, porque yo he visto algunos policías con uniforme azul y otros con uniforme verde … y no sé bien cuál es la diferencia entre unos y otros.	In Spanien gibt es verschiedene Arten von Polizei, denn ich habe Polizisten mit blauer Uniform und andere mit grüner Uniform gesehen … und ich weiß nicht recht, was der Unterschied zwischen den einzelnen ist.
Pues sí, hay varios tipos, está por ejemplo la Policía Nacional y la Policía Municipal que llevan uniforme azul y la Guardia Civil, que va de verde.	Richtig, es gibt verschiedene Arten, da ist z. B. die nationale Polizei und die städtische Polizei, die in Blau geht, und die Guardia Civil, die grün gekleidet ist.
Los guardias civiles son los que tienen un sombrero muy raro, ¿no?	Die Guardia Civil ist die, die einen etwas seltsamen Hut trägt, oder?
Eso es. El sombrero se llama tricornio.	So ist es. Der Hut heißt Dreispitz.
¿Y en qué se diferencian de los policías normales?	Und wodurch unterscheiden sich die normalen Polizisten?
Bueno, la guardia civil es un cuerpo militar pero con dependencia civil. En un principio ejercían sus funciones sólo en el campo pero luego pasaron también a las ciudades, donde viven en la „casa cuartel“.	Also, die Guardia Civil ist eine militärische Einheit, sie sind aber einer zivilen Stelle untergeordnet. Anfangs übten sie ihre Tätigkeit nur auf dem Land aus, aber später kamen sie dann auch in die Städte, wo sie in „Kasernen“ leben.
Yo creo que los he visto también por las carreteras.	Ich glaube, ich habe sie auch auf den Landstraßen gesehen.
Sí, el tráfico también es de su competencia fuera de las ciudades, porque dentro de las ciudades es la policía municipal de tráfico la que se ocupa de regularlo.	Ja, der Straßenverkehr gehört auch zu ihren Aufgabengebieten außerhalb der Städte, denn innerhalb der Städte übernimmt die Stadtpolizei die Aufgabe, den Verkehr zu regeln.
¿De qué se ocupa la policía municipal?	Was ist die Aufgabe der Stadtpolizei?
Sobre todo de que se cumplan las ordenanzas municipales.	Vor allem, dass Stadtverordnungen eingehalten werden.
¿Y la Policía Nacional?	Und die der nationalen Polizei?
De la criminalidad en general.	Die Kriminalität im Allgemeinen.

Y hay alguna otra además de la nacional, la municipal y …	Und gibt es noch eine andere außer der nationalen, der städtischen und …
Pues sí, hay en algunas partes policías que dependen del gobierno regional, como en el País Vasco y en Cataluña …	Ja, in manchen Gebieten gibt es noch Polizei, die der Regionalregierung untergeordnet ist, wie im Baskenland und in Katalonien.
La policía acaba de detener al ladrón y se lo ha llevado a la comisaría en un coche celular.	Die Polizei hat gerade den Räuber festgenommen und ihn mit dem Gefangenenwagen zum Kommissariat gebracht.
En la estación hay que tener cuidado con los ladronzuelos y descuideros, que en cuanto te despistas se te llevan el bolso.	Auf dem Bahnhof muss man vorsichtig sein wegen der Taschen- und Gelegenheitsdiebe, denn wenn man einen Moment nicht aufpasst, stehlen sie die Handtasche.
No se te vaya a ocurrir ir por ese barrio de noche, porque está lleno de navajeros.	Lass es dir nicht einfallen, nachts durch diese Gegend zu laufen, denn sie ist voll von Messerstechern.
Un chorizo acaba de darle un tirón a esa pobre señora.	Ein Dieb hat gerade diese arme Frau bestohlen.
Es cierto que aquí hay algo de inseguridad ciudadana, pero quizá no tanta como algunos dicen.	Es ist richtig, dass man in dieser Stadt nicht ganz so sicher ist, aber es ist vielleicht nicht so schlimm, wie manche sagen.
Esto es un abuso, es de juzgado de guardia.	Das ist ein Missbrauch, das sollte man der Polizei melden.
El aumento de la criminalidad es consecuencia, en gran medida, del tráfico de drogas.	Die Zunahme der Kriminalität ist zum Großteil eine Folge des Drogenhandels.
El comerciante ha sido víctima de una estafa de varios miles de euros.	Der Händler wurde Opfer eines Betruges in Höhe von mehreren Tausend Euro.
A los drogadictos, cuando les da „el mono“, son capaces de hacer cualquier cosa para conseguir la droga.	Wenn Drogenabhängige Entzugserscheinungen bekommen, sind sie zu allem fähig, um an Drogen zu gelangen.
Los traficantes se han adueñado de esta parte del barrio, en cada esquina hay un „camello“ vendiendo „chocolate“.	Die Drogenhändler haben sich dieses Stadtteils bemächtigt, an jeder Ecke steht ein Drogenhändler und verkauft Stoff.
Los atracadores no se han andado con contemplaciones. Han disparado contra los policías y han herido gravemente a uno de ellos.	Die Räuber haben sich nicht lange aufgehalten. Sie haben auf die Polizisten gefeuert und einen von ihnen schwer verletzt.

El detenido ha confesado ante la policía y luego ante el juez todos sus delitos.

Der Festgenommene hat vor der Polizei und später vor dem Richter alle seine Vergehen gestanden.

El acusado comparecerá ante los tribunales la semana próxima.

Der Angeklagte wird in der nächsten Woche vor Gericht erscheinen.

Dado que el acusado es menor de edad, comparecerá ante el Tribunal Tutelar de Menores.

Da der Angeklagte minderjährig ist, wird er vor dem Jugendgericht erscheinen.

El juicio contra el presunto violador se celebrará el próximo martes.

Das Gerichtsverfahren gegen den mutmaßlichen Vergewaltiger wird am nächsten Dienstag stattfinden.

14.5 Cultura

14.5 Kultur

Madrid es un importante centro cultural.

Madrid ist ein wichtiges kulturelles Zentrum.

Lo que más me gusta de esta ciudad es la vida cultural que tiene.

Was mir an dieser Stadt am besten gefällt, ist ihr kulturelles Leben.

Han abierto en el barrio un centro cultural municipal.

Man hat in dem Stadtteil ein städtisches Kulturzentrum eröffnet.

La cultura popular está siendo cada vez más valorada.

Die Volkskultur wird immer höher geschätzt.

Las actividades culturales, como visitas a museos, excursiones artísticas, etc. son un complemento indispensable de la educación escolar.

Kulturelle Aktivitäten wie Museumsbesuche, kunsthistorische Ausflüge etc. sind eine unerlässliche Ergänzung der schulischen Erziehung.

14.5.1 Teatro

14.5.1 Theater

Acaban de estrenar una obra excelente en el Teatro Nacional. ¿Te gustaría que fuéramos a verla el fin de semana próximo?

Im Nationaltheater hatte soeben ein ausgezeichnetes Stück Premiere. Würdest du gerne am kommenden Wochenende hingehen und es ansehen?

Yo encantado. Habrá que comprar las entradas con antelación, ¿no te parece?

Mit dem größten Vergnügen. Man wird die Karten im Voraus kaufen müssen, meinst du nicht?

Sí, creo que es lo más cómodo. Podemos ir mañana por la mañana y luego después aprovechamos para hacer algunas compras en el centro.

Ja, ich glaube, so ist es am bequemsten. Wir können morgen früh gehen, und dann nutzen wir die Gelegenheit, um einige Einkäufe im Zentrum zu erledigen.

Espero que no haya mucha cola.	Ich hoffe, dass man nicht lange anstehen muss.
Hemos tenido suerte, hay muy poca gente en la cola. ¿Cuál de las ventanillas será?	Wir haben Glück gehabt, es stehen wenig Leute in der Schlange. Welche Kasse wird es sein?
Parece que en cualquiera de las dos podemos sacar las entradas.	Es sieht so aus, als könnten wir an jeder der beiden die Karten kaufen.
Buenos días, dos entradas de platea, por favor. Para la función de mañana.	Guten Tag, zwei Karten im Parkett bitte. Für die morgige Vorstellung.
Ya no queda ningún palco libre para la función de esta noche.	Für die Vorstellung heute Abend ist keine Loge mehr frei.
El estreno de la obra ha recibido muy buenos comentarios de la crítica.	Die Erstaufführung dieses Stückes hat sehr gute Kritiken bekommen.
El autor no pudo estar presente en el estreno de la obra porque se encontraba muy enfermo.	Der Autor konnte bei der Premiere nicht anwesend sein, da er sehr krank war.
La primera actriz tuvo una actuación memorable.	An den Auftritt der Hauptdarstellerin wird man sich erinnern.
Los actores secundarios también han actuado de maravilla.	Die Nebendarsteller haben auch wunderbar gespielt.
Los decorados estaban muy conseguidos y la iluminación también era muy buena.	Die Dekoration war sehr gelungen und die Beleuchtung war auch sehr gut.
La puesta en escena ha dejado mucho que desear.	Die Inszenierung ließ viel zu wünschen übrig.
El vestuario no se adecuaba mucho al ambiente general de la obra.	Die Kostüme waren dem allgemeinen Milieu des Stückes nicht angepasst.
El gobierno ha prometido subvenciones para la escena española.	Die Regierung hat für das spanische Theater Subventionen zugesagt.
El mundo de la farándula tiene un encanto especial.	Das Showbusiness hat seinen besonderen Reiz.

14.5.2 Cine / *14.5.2 Kino*

¿Me prestas el periódico? Quiero ver la cartelera, a ver qué nuevas películas hay.	Gibst du mir die Zeitung? Ich möchte das Tagesprogramm sehen, was es für neue Filme gibt.

Creo que ha habido varios estrenos esta semana. Mira, por ejemplo en el cine Capitol echan una película que ha ganado un premio en el festival de cine de San Sebastián. He visto un trailer y me parece que es buena.	Ich glaube, diese Woche gab es verschiedene Erstaufführungen. Sieh mal, z. B. im Capitol gibt es einen Film, der beim Filmfestival in San Sebastián einen Preis gewonnen hat. Ich habe eine Voranzeige gesehen und er scheint mir gut zu sein.
¿No sabes de qué va?	Weißt du nicht, wovon er handelt?
No te sabría decir el argumento, pero es de tema psicológico. ¿Te gustaría que vayamos a verla?	Ich könnte dir die Handlung nicht sagen, aber es ist ein psychologisches Thema. Möchtest du, dass wir ihn ansehen?
Bueno, no sé. No me gustan mucho ese tipo de películas.	Nun, ich weiß nicht. Diese Art Film mag ich nicht so sehr.
Vaya, entonces tendremos que buscar otra. Es una pena porque esta me da a mí que es buena … ¿Tú qué quieres? ¿Una película de indios? ¡Pues vamos a ver una de indios!	Nun ja, dann müssen wir einen anderen aussuchen. Das ist schade, denn mir kommt es vor, als wäre er sehr gut … Was möchtest denn du? Einen Indianerfilm? Gut, dann sehen wir einen Indianerfilm.
¡Ho hombre!, tampoco es eso. Si quieres vamos a ver esa que tú dices. Tampoco es que no me guste, lo que pasa es que me apetecería ver algo más movido, con acción, una policíaca o algo así.	Nein, Mann, so ist das auch nicht. Wenn du willst, sehen wir den, von dem du sprichst. Es ist auch nicht so, dass er mir nicht gefällt, ich würde eben lieber etwas Bewegteres sehen, mit Action, einen Krimi oder so etwas.
¡Pero hombre! ¡Esas películas las puedes ver en la televisión a todas horas!	Mein Gott, diese Filme kannst du im Fernsehen zu jeder Tageszeit sehen!
Bueno, pues no sé, quizá una buena de terror o de ciencia ficción.	Also, ich weiß nicht, vielleicht einen guten Horrorfilm oder Science-Fiction.
Mira, a mí sí que me apetecería ver una de ciencia ficción. Pero tiene que ser buena, porque ese tipo de películas o son muy buenas o son un rollazo que no hay quien lo aguante.	Also, einen Science-Fiction-Film würde ich auch gerne sehen. Aber er muss gut sein, denn diese Art Filme sind entweder sehr gut oder so langweilig, dass man sie nicht ertragen kann.
Mira a ver qué otras hay. Si hubiera un reestreno interesante de alguna película clásica también me apetecería.	Lass uns mal sehen, was es sonst noch gibt. Wenn es eine interessante Wiederaufführung eines klassischen Films gäbe, würde ich die auch gerne sehen.

A ver ... mira ésta, es un reestreno: „El club de los poetas muertos", („Una joya, según la crítica") – dice aquí –. Mayores de 13 años – a ésta podemos ir –. 4.30, 7.15 y 10.15.	Sieh mal, dieser hier, das ist eine Aufführung: „Der Klub der toten Dichter" („ein Juwel" laut Kritik) steht hier. Ab 13 Jahre, den können wir uns ansehen. 4.30, 7.15 und 10.15 Uhr.
Estaría bien, ¿dónde le echan?	Der ist sicher gut. Wo läuft er?
En el cine California, está por el metro de Moncloa ... Pero espera ... está en versión original subtitulada. ¿Tú sabes inglés?	Im California, das ist bei der U-Bahn-Station Moncloa ... Aber warte mal ... er ist in Originalversion mit Untertiteln. Kannst du Englisch?
Yo ni papa. A ver si en otro lado la ponen doblada.	Ich, kein Wort. Mal sehen, ob er woanders synchronisiert läuft.
Pues ... parece que por ahora no ... Pero mira en este otro „Minicine – 3", ponen un especial Pedro Almodóvar: „Mujeres al borde de un ataque de nervios", „¿Qué he hecho yo para merecer esto" y „La ley del deseo". Es sesión continua.	Also ... es sieht im Moment nicht so aus. Aber schau, in diesem „Minikino 3" geben sie eine Sondervorstellung von Pedro Almodóvar: „Frauen am Rande eines Nervenzusammenbruchs", „Womit habe ich das verdient?" und „Das Gesetz des Verlangens". Das ist eine Dauervorstellung.
Lo que pasa es que ya las he visto todas varias veces ...	Ich habe nur alle schon mehrere Male gesehen.
Pues a ver esta otra: „El sueño del mono loco" ...	Lass mal diesen sehen: „Der Traum des verrückten Affen" ...
¿De quién es? ¿No pone ahí el reparto?	Von wem ist der? Steht da keine Besetzung?
Sí, pero no conozco a ninguno.	Doch, aber ich kenne keinen.
¿Y el director?	Und der Regisseur?
Fernando Trueba. ¿Lo conoces?	Fernando Trueba. Kennst du ihn?
Sí, he visto una película suya y me gustó. Podíamos ir a ver ésta.	Ja, ich habe einen Film von ihm gesehen, der hat mir gefallen. Den könnten wir uns ansehen.
Vale. ¿A qué sesión vamos? ¿A la de tarde o a la de noche?	Gut. In welche Vorstellung gehen wir? In die am Nachmittag oder die am Abend?
No sé. A ver a qué horas son los pases ... Podríamos ir al de las siete de la tarde. Así podemos ir antes a tomar un café por ahí.	Ich weiß nicht. Mal sehen, wann sie anfangen ... Wir könnten in die um sieben Uhr abends gehen. So können wir vorher irgendwo einen Kaffee trinken.

Si quieres sacar las entradas vete con antelación, porque la película está de moda y se agotan rápido todas las localidades.

Wenn du die Karten kaufen willst, geh frühzeitig, denn der Film ist in Mode, und die Karten sind schnell ausverkauft.

Esa película ya la he visto, pero no me importaría volver a verla porque me encantó.

Diesen Film habe ich schon gesehen, aber es würde mir nichts ausmachen, ihn noch mal zu sehen, denn ich war begeistert.

Me acuerdo de esa película. La pusieron no hace mucho en la televisión y es divertidísima. Te partes de risa con ella.

Ich erinnere mich an diesen Film. Er lief vor nicht langer Zeit im Fernsehen und er ist sehr lustig. Du lachst dich schief dabei.

Esa película me dejó muy deprimido. Tiene unas escenas crudísimas.

Dieser Film hat mich sehr deprimiert. Er hat ein paar sehr harte Szenen.

Lo que más me ha gustado es que refleja una problemática muy de nuestros días y lo hace con un gran realismo, sin exagerar ni minimizar nada.

Was mir am besten gefallen hat, ist, dass er eine sehr aktuelle Problematik aufzeigt, und das sehr realistisch, ohne zu übertreiben oder zu beschönigen.

Aunque no me gustan demasiado las películas históricas reconozco que en ésta el ambiente de la época está muy bien reflejado y que tanto el vestuario como los decorados son excelentes.

Auch wenn ich historische Filme nicht besonders mag, gebe ich zu, dass in diesem Film das Milieu der Epoche sehr gut wiedergegeben wird und dass sowohl die Kostüme wie die Dekorationen ausgezeichnet sind.

Con las películas del oeste lo que pasa es que cuando has visto una, ya las has visto todas. Siguen siempre el mismo cliché.

Mit den Wildwestfilmen ist es so, dass man, wenn man einen gesehen hat, alle kennt. Das ist immer das gleiche Klischee.

La película ha sido todo un éxito. Se ha convertido en una de las más taquilleras de los últimos años.

Der Film war ein voller Erfolg. Er wurde zu einem der größten Kassenschlager der letzten Jahre.

El rodaje se llevó a cabo en escenarios naturales de varias provincias españolas.

Die Außenaufnahmen wurden in natürlicher Umgebung in verschiedenen spanischen Provinzen gedreht.

El reparto es de primera. Hasta los papeles secundarios los hacen actores excelentes.

Die Besetzung ist erstklassig. Sogar in den Nebenrollen sieht man ausgezeichnete Schauspieler.

La protagonista ha recibido el premio a la mejor actriz en festival de cine.

Die Hauptdarstellerin hat den Preis für die beste Darstellerin beim Filmfestival bekommen.

A esta película le han otorgado un montón de premios: al mejor director, al mejor montaje, al mejor actor y al mejor vestuario.

Diesem Film wurden eine Menge Preise verliehen: für den besten Regisseur, für den besten Schnitt, für den besten Schauspieler und die besten Kostüme.

La película no vale gran cosa en sí, pero la salvan los efectos especiales, que están muy bien hechos.

Der Film an sich ist nicht viel wert, aber die Spezialeffekte, die sehr gut gemacht sind, retten ihn.

En esa superproducción se han invertido muchísimos millones, se ha pagado a cientos de extras y se han buscado los escenarios adecuados en países de todo el mundo.

In diese Superproduktion sind viele Millionen investiert worden, es wurden Hunderte von Extras bezahlt, und die geeigneten Schauplätze wurden in allen Ländern der Welt gesucht.

La próxima primavera se va a celebrar un festival internacional de cortos.

Im kommenden Frühjahr gibt es ein Kurzfilm-Festival.

El cortometraje que pusieron antes de la película me pareció de mucha más calidad que la misma película.

Der Kurzfilm, der vor dem Hauptfilm kam, erschien mir von viel höherer Qualität als der Film selbst.

No te recomiendo que vayas a ver ese largometraje. Dura un montón de horas y se hace pesadísimo.

Ich empfehle dir nicht, diesen Spielfilm zu sehen. Er dauert viele Stunden und zieht sich sehr in die Länge.

La película era tan pesada que me quedé durmiendo en la butaca.

Der Film war so langweilig, dass ich im Sessel eingeschlafen bin.

Me he aburrido mucho en el cine, lo que he visto no era ni mucho menos lo que yo esperaba.

Ich habe mich im Kino sehr gelangweilt, was ich gesehen habe, war nicht im Entferntesten das, was ich erwartet hatte.

Me ha decepcionado mucho la película. Está basada en una novela que yo ya había leído y me parece que deforma bastante la historia original.

Der Film hat mich sehr enttäuscht. Er basiert auf einem Roman, den ich schon gelesen hatte, und mir scheint, er entstellt die Originalhandlung ziemlich.

Las adaptaciones al cine de novelas pocas veces dejan satisfecho a quien haya leído antes el libro.

Die Verfilmungen von Romanen befriedigen selten, wenn man zuvor das Buch gelesen hat.

No me gusta nada como actúa este actor. Se ve que el papel le viene grande.

Es gefällt mir überhaupt nicht, wie dieser Schauspieler spielt. Man merkt, dass diese Rolle zu groß für ihn ist.

¡Oye!, ¡menuda peli echan mañana! Yo ya la he visto, pero ésta hay que volver a verla. ¡No te la pierdas!

Hör mal, einen tollen Film bringen sie morgen! Ich habe ihn schon gesehen, aber den muss man noch mal sehen. Versäume ihn ja nicht!

El doblaje está horriblemente hecho. Antes que eso prefiero ver la película con subtítulos, aunque tenga que estar leyendo todo el rato.

Die Synchronisierung ist schrecklich. Bevor ich das sehe, ziehe ich einen Film mit Untertiteln vor, auch wenn ich die ganze Zeit lesen muss.

14.5.3 Música

14.5.3 Musik

¿Qué música te gusta más?

Welche Musik gefällt dir am besten?

¡Hombre, qué preguntas! Eso depende. A mí me gusta mucho la música, pero en unos momentos me apetece más escuchar un tipo de música y en otros otro.

Was für Fragen! Das kommt darauf an. Ich mag Musik sehr gerne, aber in manchen Momenten höre ich lieber eine bestimmte Art Musik und in anderen eine andere.

¿Te gusta la música clásica?

Magst du klassische Musik?

La verdad es que no soy un gran entendido. Sí, me gusta, pero tampoco soy lo que se dice un melómano.

Ich verstehe wirklich nicht viel davon. Ja, ich mag sie, aber ich bin auch kein, wie man so sagt, Musikliebhaber.

¿Y de música moderna cómo andas? ¿Estás más al tanto?

Wie sieht es bei dir mit der modernen Musik aus? Bis du da eher auf dem Laufenden?

Un poco más sí. Me gusta la música pop. El rock también, pero no el rock duro … La música disco no la soporto. En la discoteca, todavía, pero no para oírla, claro. No sé que más … Bueno, también me gusta el flamenco.

Etwas besser, ja. Ich mag Popmusik. Rock auch, aber nicht Hardrock … Discomusik halte ich nicht aus. In der Diskothek schon noch, aber nicht, um einfach zuzuhören, natürlich. Was noch … Nun, ich mag auch Flamenco.

¡Anda! ¡No sabía que a ti te gustaba el flamenco!

Sieh mal an! Ich wusste nicht, dass dir Flamenco gefällt!

Pues me gusta mucho. Sobre todo la guitarra flamenca.

Er gefällt mir sehr gut. Vor allem die Flamenco-Gitarre.

¿Y sabes tocar algún instrumento?

Und kannst du ein Instrument spielen?

Pues toco algo la guitarra. No es que sea lo que se dice un virtuoso, pero vaya, tampoco toco tan mal.

Ich spiele ein wenig Gitarre. Ich bin kein, wie man so schön sagt, Virtuose, aber, nun ja, auch nicht so schlecht.

Oye, pues podrías tocar algo si tienes la guitarra por ahí a mano.	Hör mal, du könntest etwas spielen, wenn du die Gitarre zur Hand hast.
No, yo es que me corto de tocar así de buenas a primeras. Luego más tarde quizá.	Nein, ich werde nervös, wenn ich so auf einmal spielen soll. Später vielleicht.
He comprado un montón de discos de segunda mano. Son de cantantes antiguos pero que me gustan mucho.	Ich habe eine Menge Schallplatten aus zweiter Hand gekauft. Sie sind von älteren Sängern, aber ich mag sie sehr gern.
Hace muchos años que compro discos de jazz y me he podido reunir una discoteca bastante completa.	Ich kaufe seit vielen Jahren Jazzplatten und ich habe eine ziemlich komplette Plattensammlung zusammen.
En este mueble guardo todos los discos antiguos, y aquí a la derecha los compactos.	In diesem Schrank bewahre ich alle alten Schallplatten auf und hier rechts die CDs.
Con este equipo de alta fidelidad el sonido es de una calidad excelente.	Mit dieser Hi-Fi-Anlage hat der Ton eine ausgezeichnete Qualität.
A mí me gustan las canciones de los cantautores. No de todos, claro, pero hay tres o cuatro que me encantan.	Ich mag die Lieder der Liedermacher. Nicht von allen natürlich, aber es gibt drei oder vier, die mich begeistern.
La cantante de color norteamericana realizará una gira por varias ciudades españolas y dará un total de seis conciertos.	Die farbige nordamerikanische Sängerin wird eine Tournee durch verschiedene spanische Städte machen und insgesamt sechs Konzerte geben.
Este disco ha sido el más vendido en las últimas semanas.	Diese Platte war die meistverkaufte in den letzten Wochen.
En esta temporada el cantante ha recibido ya dos discos de oro.	In dieser Saison hat der Sänger bereits zwei Goldene Schallplatten bekommen.
La orquesta filarmónica, en su gira por España, ofrecerá una serie de conciertos.	Das philharmonische Orchester wird auf seiner Tournee durch Spanien eine Reihe von Konzerten darbieten.
Tengo un abono para asistir a todos los conciertos de la temporada.	Ich habe ein Abonnement für alle Konzerte dieser Saison.
Realmente este hombre es un virtuoso del violín.	Dieser Mann ist wirklich ein Geigenvirtuose.
La interpretación de Falla que ha hecho el pianista ha sido genial.	Die Falla-Interpretation, die der Pianist gegeben hat, war genial.

14.5.4 Museos, exposiciones, manifestaciones artísticas

¿Has visto ya la exposición de Velázquez que hay en el museo de El Prado?

Todavía no, pero no me gustaría perdérmela.

Pues te vas a tener que dar prisa si quieres verla, porque sólo está hasta finales de este mes.

¿Y sabes qué horario tiene?

Pues no me acuerdo exactamente, la verdad, pero yo estuve viéndola hace unas semanas y fui a primera hora de la mañana, y ya había una cola larguísima que doblaba la esquina y casi daba la vuelta al museo.

Pues luego debe ser un agobio ver la exposición, no se podrán ni ver los cuadros con tanta gente.

No creas, lo malo es hasta que entras, porque una vez dentro no hay tanta gente, está limitado el número de personas que pueden ver la exposición, por motivos de seguridad.

Pues voy a ir el próximo sábado, eso sí, me va a tocar darme el madrugón.

Pero no te creas, merece la pena, yo tengo ganas de volver, así que si te parece podemos ir juntos.

¡Oye fantástico! ¡Así además en la cola no será tan aburrido!

¡Yo qué quieres que te diga! Yo el arte de ahora no lo entiendo.

Eso será que tú no estás muy al tanto del arte actual.

14.5.4 Museen, Ausstellungen, künstlerische Veranstaltungen

Hast du schon die Velázquez-Ausstellung gesehen, die im Prado zu sehen ist?

Noch nicht, aber ich möchte sie nicht versäumen.

Nun, du wirst dich beeilen müssen, wenn du sie sehen willst, denn sie ist nur noch bis Ende dieses Monats.

Und weißt du, welche Öffnungszeiten sie hat?

Also, ich weiß es nicht mehr genau, wirklich, aber ich habe sie vor einigen Wochen gesehen, ich ging ganz früh am Morgen hin und da war bereits eine endlos lange Schlange, die um die Ecke ging und beinahe das ganze Museum umrundete.

Dann wird man anschließend fast ersticken, wenn man die Ausstellung sehen will, man wird vor lauter Leuten die Bilder kaum sehen können.

Glaub das nicht, schlimm ist es, bis man drin ist, denn wenn man einmal drin ist, sind es nicht mehr so viele Leute, die Anzahl der Leute, die die Ausstellung sehen können, ist begrenzt, aus Sicherheitsgründen.

Nun, dann gehe ich nächsten Samstag, natürlich werde ich dann früh aufstehen müssen.

Glaub das nicht, es lohnt sich, und ich habe Lust, noch mal hinzugehen, wenn du also magst, könnten wir zusammen gehen.

Fantastisch! Dann ist es in der Schlange auch nicht so langweilig.

Was willst du von mir hören! Die moderne Kunst verstehe ich nicht.

Das wird deshalb sein, weil du in der aktuellen Kunst nicht auf dem Laufenden bist.

Es que no estoy al tanto porque no me gusta. Yo no entiendo cómo se le puede llamar arte a algunas cosas que se ven, ¡porque le llaman arte a cada cosa ...!	Ich bin deshalb nicht auf dem Laufenden, weil sie mir nicht gefällt. Ich verstehe nicht, wie man manche Dinge Kunst nennen kann, die man so sieht, denn sie nennen alles Kunst!
¡Que no hombre!, que lo que pasa es que tú no entiendes ni papa de eso y por eso no te gusta. Es como todo, hay que conocerlo para poder opinar.	Aber nein, Mann! Tatsächlich hast du keine Ahnung davon und deshalb gefällt es dir nicht. Das ist wie alles, man muss es kennen, um urteilen zu können.
En esta ciudad hay más de cien museos, algunos son de fama internacional, pero otros pequeños pasan desapercibidos y casi nadie los conoce, aunque a veces tienen obras y piezas muy valiosas.	In dieser Stadt gibt es mehr als hundert Museen, einige haben Weltruf, aber andere, kleinere, sind fast unbekannt, und fast niemand kennt sie, obwohl sie wertvolle Werke und Stücke haben.
Los lunes suelen cerrar muchos museos, pero el resto de la semana, incluídos los fines de semana y días festivos, tienen un amplio horario de visitas.	Montags haben viele Museen geschlossen, aber den Rest der Woche, einschließlich der Wochenenden und Feste, haben sie lange Öffnungszeiten für Besucher.
Aquí se pueden admirar varias obras maestras de renombre universal.	Hier kann man verschiedene Meisterwerke von Weltruhm bewundern.
El museo es enorme, así que yo te recomendaría que si quieres ver en detalle los cuadros te dediques sólo a unas cuantas salas y otro día vuelvas a ver más.	Das Museum ist riesig, deshalb rate ich dir, wenn du die Bilder wirklich im Detail sehen willst, dass du dich nur einigen wenigen Sälen widmest und an einem anderen Tag wiederkommst, um mehr zu sehen.
Esta exposición es única, porque reúne cuadros de museos de todo el mundo y de numerosas colecciones particulares que han cedido lo más valioso de sus fondos para esta ocasión.	Diese Ausstellung ist einzigartig, denn sie enthält Bilder aus Museen der ganzen Welt und aus zahlreichen Privatsammlungen, die das Wertvollste aus ihrem Fundus für diese Gelegenheit herausgegeben haben.
Para tener una visión general de lo más importante del museo hay guías en varios idiomas.	Um einen allgemeinen Überblick über das Wichtigste des Museums zu erhalten, gibt es Führer in verschiedenen Sprachen.
Los fondos de este museo son de una riqueza extraordinaria.	Der Bestand dieses Museums ist von unschätzbarem Wert.

Presentando el carné de estudiante hacen descuento para entrar en los museos.	Wenn man den Studentenausweis vorzeigt, bekommt man einen Nachlass auf den Eintritt ins Museum.
El patrimonio nacional es muy grande, y son muchísimos los museos en los que se guardan numerosas obras de arte.	Der Staatsbesitz ist riesig und es gibt sehr viele Museen, in denen zahlreiche Kunstwerke aufbewahrt werden.
En el museo está expuesta una amplísima colección de pintura flamenca del siglo XVII.	Im Museum ist eine reichhaltige Kollektion flämischer Malerei des siebzehnten Jahrhunderts ausgestellt.
El pintor ha dejado su legado repartido entre su propio museo y varios museos nacionales.	Der Maler hat sein Vermächtnis zwischen seinem eigenen Museum und verschiedenen nationalen Museen aufgeteilt.
He oído anunciar que el próximo mes inaugurarán en esta galería una exposición de escultura contemporánea.	Ich habe eine Ankündigung gehört, dass im nächsten Monat in dieser Galerie eine Ausstellung zeitgenössischer Skulpturen eröffnet wird.
Se ha presentado en la galería una muestra de los más representativo de las últimas tendencias plásticas.	In der Galerie wurde ein Beispiel dessen präsentiert, was die letzten Tendenzen bei der Plastik am besten repräsentiert.
En esta artista se ven muy claramente diferenciadas las dos etapas de su obra.	Bei dieser Künstlerin sieht man ganz deutlich die Unterschiede ihrer beiden Schaffensperioden.
Me fascina ese retrato. Es increíble la expresividad que ha logrado el artista darle a ese rostro.	Dieses Porträt fasziniert mich. Es ist unglaublich, welches Ausdrucksvermögen der Künstler diesem Gesicht geben konnte.
La paleta de este pintor tiene una gama de colores variadísima.	Die Palette dieses Künstlers enthält eine sehr variationsreiche Farbskala.
Dos lienzos de este artista han batido records de precios pagados en subastas públicas.	Zwei Gemälde dieses Künstlers haben alle Preisrekorde geschlagen, die in öffentlichen Versteigerungen bezahlt wurden.
No me gusta la pintura paisajística ni las naturalezas muertas. Lo que sí me vuelve loco es la pintura abstracta.	Ich mag keine Landschaftsmalerei und keine Stillleben. Was mich aber doch aus dem Häuschen bringt, ist die abstrakte Malerei.
Lo revolucionario de este artista marcó profundamente la obra de sus contemporáneos y logró crear una singular escuela.	Das Revolutionäre dieses Künstlers hatte tief greifenden Einfluss auf das Werk seiner Zeitgenossen, und er brachte es fertig, eine einzigartige Schule ins Leben zu rufen.

Los bajorrelieves que puedes ver en ese monasterio son una auténtica maravilla.	Die Flachreliefs, die du in diesem Kloster sehen kannst, sind absolut fantastisch.
Las sillerías del coro de la catedral son de una belleza extraordinaria.	Die Bestuhlung des Chors der Kathedrale ist von außergewöhnlicher Schönheit.
Los frescos románicos de esta ermita datan de principios del siglo XII.	Die romanischen Fresken dieser Einsiedelei stammen aus den Anfängen des zwölften Jahrhunderts.
Las vidrieras de algunas catedrales góticas, como la de León, son una auténtica maravilla.	Die Glasfenster mancher gotischer Kathedralen, wie der von León, sind wirkliche Wunderwerke.
Un estilo muy interesante es el mudéjar, que auna elementos árabes y cristianos.	Der Mudéjar-Stil, der arabische und christliche Elemente vereint, ist sehr interessant.
Otro estilo típicamente español es el plateresco, del que una muestra preciosa es la fachada de la Universidad de Salamanca.	Ein anderer typisch spanischer Stil ist der Platereskstil, dessen herrliches Beispiel die Fassade der Universität Salamanca ist.
El estilo plateresco recibe este nombre porque recuerda los trabajos de los plateros.	Der Platereskstil erhielt diesen Namen, weil er an die Arbeiten der Silberschmiede erinnert.
El Monasterio de El Escorial es de estilo herreriano, se llama así por su arquitecto: Herrera, y es de una gran sobriedad.	Das Kloster des Escorial ist im Herrera-Stil errichtet, es heißt so wegen seines Architekten, Herrera, und ist von großer Nüchternheit.
¿Y hay otros estilos típicamente españoles?	Gibt es noch andere typisch spanische Stilrichtungen?
Sí, por ejemplo el isabelino y el churrigueresco.	Ja, z. B. den Isabellinischen Stil (spanischen Empirestil) und den Churrigueresken Stil (Schnörkelbarockstil).
¿El estilo isabelino tiene algo que ver con Isabel?	Hat der spanische Empirestil etwas mit Isabel zu tun?
Eso es, porque se desarrolló durante el reinado de Isabel II.	Genau, denn er entwickelte sich während der Herrschaft von Isabel II.
¿Y el churrigueresco, a qué debe ese nombre tan curioso?	Und der Schnörkelbarockstil, wem verdankt der seinen so seltsamen Namen?
El nombre deriva también del de un arquitecto, Churriguera, pero además da muy bien idea de como es el estilo, porque es de lo más enrevesado que te puedas imaginar. Un barroco exagerado.	Der Name leitet sich auch von einem Architekten ab, Churriguera, aber außerdem vermittelt er eine Idee davon, wie dieser Stil aussieht, denn er ist so verworren, wie du es dir nicht vorstellen kannst. Ein übertriebener Barock.

La fachada de la catedral de Santiago de Compostela es una excelente muestra del estilo barroco.	Die Fassade der Kathedrale von Santiago de Compostela ist ein ausgezeichnetes Beispiel des Barockstils.
Prefiero el recogimiento de las iglesias románicas a la grandiosidad de las catedrales góticas.	Ich ziehe die Geborgenheit der romanischen Kirchen der Großartigkeit der gotischen Kathedralen vor.

14.6 Religión

14.6 Religion

¿Sabes dónde hay por aquí cerca una iglesia?	Weißt du, wo hier in der Nähe eine Kirche ist?
Aquí muy cerca está la Parroquia de San Antonio, en la plaza que hay al final de esta avenida. Enseguida verrás la torre.	Hier in der Nähe ist die Pfarrei St. Antonius, an dem Platz am Ende dieser Allee. Du wirst gleich den Turm sehen.
¿Y sabes a qué hora se celebra la misa?	Und weißt du, um welche Zeit eine Messe stattfindet?
Pues la verdad es que no sé muy bien, no estoy seguro, como yo no voy a la iglesia …	Nun, eigentlich weiß ich das nicht sehr gut, ich bin mir nicht sicher, da ich nicht in die Kirche gehe …
¿No eres católico?	Bist du nicht katholisch?
Sí, si católico sí soy, pero poco practicante. No es que no vaya nunca a misa, pero no voy tan a menudo como debiera.	Ja, doch, katholisch bin ich schon, aber wenig aktiv. Es ist nicht so, dass ich nie in die Kirche gehe, aber ich gehe nicht so oft wie ich sollte.
La misa mayor se celebra en esta iglesia todas las mañanas a las nueve.	Das Hochamt findet in dieser Kirche jeden Morgen um neun Uhr statt.
Yo me confieso desde hace un montón de años con el padre Suárez.	Ich beichte seit vielen Jahren beim Pater Suárez.
María va casi todas las tardes a las reuniones de una comunidad católica.	Maria geht beinahe jeden Nachmittag zu den Versammlungen einer katholischen Gemeinde.
La catequista hablará esta tarde sobre los Santos Evangelios.	Die Kathechetin spricht heute Nachmittag über die heiligen Evangelien.
El sacerdote administró la eucaristía a todos los fieles congregados.	Der Priester spendete die Eucharistie allen versammelten Gläubigen.
El domingo pasado bautizaron a mi primo.	Letzten Sonntag wurde mein Vetter getauft.

A principios de mayo mis dos sobrinas harán juntas la primera comunión.	Anfang Mai haben meine beiden Nichten zusammen die Erstkommunion.
Mi madre reza el rosario todos los días.	Meine Mutter betet jeden Tag den Rosenkranz.
El sacerdote acudió rápidamente para administrar al moribundo la extremaunción.	Der Priester kam schnell, um dem Sterbenden die Letzte Ölung zu spenden.
El predicador emocionó a los fieles con el sermón que pronunció desde lo alto del púlpito.	Der Prediger bewegte die Gläubigen mit einer Predigt, die er von der Höhe der Kanzel herab hielt.
En muchas ciudades se celebra la Semana Santa con procesiones en las que los fieles expresan su devoción.	In vielen Städten wird die Karwoche mit Prozessionen gefeiert, in denen die Gläubigen ihre Frömmigkeit ausdrücken.
Las cofradías son asociaciones formadas por personas de todo tipo y participan muy activamente en las celebraciones de la Semana Santa.	Die Bruderschaften sind Vereinigungen von Personen aller Art, die aktiv an den Feiern der Karwoche teilnehmen.
Los costaleros de las diversas cofradías llevan a hombros en las procesiones los grupos escultóricos llamados „pasos“.	Die Träger der verschiedenen Bruderschaften tragen in den Prozessionen die Figurengruppen, genannt „Pasos“, auf den Schultern.
Las „saetas“ son unos cantos populares espontáneos que algunas personas cantan dedicadas a la Virgen y a los Santos en el transcurso de las procesiones.	Die „Saetas“ sind spontane Volksgesänge, die manche Leute zu Ehren der Jungfrau und der Heiligen im Verlauf der Prozessionen singen.

15. Temas generales

15. Allgemeine Themen

15.1 La lengua española

15.1 Die spanische Sprache

¿El español es la única lengua que se habla en España?

Ist Spanisch die einzige Sprache, die in Spanien gesprochen wird?

¡No! Hay otras tres lenguas: el catalán, el gallego y el vasco.

Nein! Es gibt noch drei Sprachen: das Katalanische, das Galicische und das Baskische.

¿Y alguien que sólo hable español puede entender lo que digan en esas lenguas o hay mucha diferencia?

Und kann jemand, der nur Spanisch spricht, verstehen, was in diesen Sprachen gesprochen wird, oder gibt es große Unterschiede?

Depende. Del gallego y del catalán se pueden entender algunas cosas, porque al fin y al cabo son lenguas que tienen el mismo origen, son lenguas románicas que proceden del latín, pero del vasco o euskera, como también se le llama, no puedes entender una sola palabra.

Das kommt darauf an. Vom Galicischen und Katalanischen kann man einiges verstehen, denn schließlich sind es Sprachen gleichen Ursprungs, es sind romanische Sprachen, die vom Lateinischen hergeleitet werden, aber vom Baskischen oder Euskera, wie es sich auch nennt, versteht man kein einziges Wort.

¿Y eso por qué? ¿Tanta diferencia hay?

Warum das? Gibt es so große Unterschiede?

No se parece en nada. Es una lengua de origen desconocido que ya se hablaba en la Península Ibérica mucho tiempo antes de que llegaran los romanos. En realidad es la lengua más antigua de España.

Es hat überhaupt keine Ähnlichkeit mit den anderen. Es ist eine Sprache unbekannten Ursprungs, die bereits auf der Iberischen Halbinsel gesprochen wurde, lange bevor die Römer kamen. Es ist in Wirklichkeit die älteste Sprache Spaniens.

¿Y el español, desde cuando se habla?

Und das Spanische, seit wann wird das gesprochen?

También hace muchísimo tiempo. Los primeros documentos escritos tienen más de mil años y proceden de los monasterios de Silos, en Burgos y de San Millán de la Cogolla, en la Rioja.

Auch seit sehr langer Zeit. Die ersten schriftlichen Dokumente sind mehr als tausend Jahre alt und stammen aus den Klöstern Silos in Burgos und von San Millán de la Cogolla im Rioja-Gebiet.

¡Caramba! ¡Pues no, no me lo hubiera imaginado! ¿Y en qué parte de España se habla mejor español?

Sieh mal einer an! Also das hätte ich mir nicht vorgestellt. Und in welchem Teil Spaniens wird das beste Spanisch gesprochen?

Bueno, eso según se mire, pero si te refieres a qué zona pronuncia de una manera más parecida a como se escribe y a la norma oficial, el mejor español se habla en Castilla la Vieja.

Nun, das kommt auf den Standpunkt an, aber wenn du dich darauf beziehst, in welcher Gegend so gesprochen wird, dass es dem Geschriebenen am nächsten kommt und wie es der offiziellen Norm entspricht, spricht man das beste Spanisch in Altkastilien.

Además el español se habla fuera de España en muchos países, ¿verdad?

Außerdem wird das Spanische außerhalb von Spanien in vielen Ländern gesprochen, stimmt's?

Ya lo creo. En toda América prácticamente, desde la Patagonia hasta el sur de Estados Unidos, incluso en este país es la segunda lengua y hay más de veinte millones de hispanohablantes.
Y en todo el mundo, ¿cuántos millones de personas hablarán español, más o menos?

Das will ich meinen. Praktisch in ganz Amerika, von Patagonien bis in den Süden der Vereinigten Staaten, sogar in diesem Land ist es die zweite Sprache, und es gibt mehr als zwanzig Millionen Spanischsprachiger.
Und wie viele Millionen Personen auf der ganzen Welt sprechen Spanisch, mehr oder weniger?

Pues más de trescientos millones. Es una de las lenguas más habladas del mundo.

Nun, mehr als dreihundert Millionen. Es ist eine der meistgesprochenen Sprachen der Welt.

15.2 Fiestas típicas

15.2 Typische Feste

Tengo entendido que en España hay muchas fiestas típicas, ¿no?

Ich habe gehört, dass es in Spanien viele typische Feste gibt, oder?

Pues sí, cada región y hasta cada pueblo, tiene su propia fiesta.

Richtig, jede Region bis hin zu jedem Dorf, hat ein eigenes Fest.

¡Qué maravilla! ¿Y cuáles son las más famosas?

Wie herrlich! Und welches sind die bekanntesten?

Pues, por ejemplo en Andalucía la Feria de abril de Sevilla, en Valencia las fallas, en Madrid las fiestas de San Isidro, en Pamplona los sanfermines, y muchas más. ¡A ver si te animas y vas a alguna el año que viene!

Nun z. B. in Andalusien die Feria de Sevilla, in Valencia die Fallas, in Madrid das San-Isidro-Fest, in Pamplona die Sanfermines und viele mehr. Sieh zu, dass du dich aufraffst und nächstes Jahr zu irgendeinem gehst.

Me encantaría, voy a ir pensándome a cuál voy a ir.

Das würde mir gut gefallen, ich werde darüber nachdenken, zu welchem ich gehe.

15.3 Los toros

Las corridas de toros dicen que es la fiesta nacional española, ¿no?

Bueno, hay bastantes aficionados a los toros, y también muchos que no lo son, o que están en contra. Es una polémica que ya dura siglos.

¡Pero las plazas se llenan de gente siempre!

Hay épocas, en unas hay más afición que en otras. Ahora dicen que la fiesta está en un buen momento.

Se mueve mucho dinero con eso, ¿verdad?, y los toreros ganan mucho, debe ser por eso que muchos se meten a toreros.

Todos los espectáculos mueven dinero. Lo que no creo es que la mayoría de los toreros lo hagan por dinero. Para ellos es un arte, según dicen. Además hoy en día los que se meten a toreros no son unos muertos de hambre. Hay incluso chicos de familias de dinero que están triunfando.

A mí lo que me da mucha pena es el pobre toro, ¿por qué no lo dejan tranquilo en el campo, con sus vacas?

Los toros de lidia no son toros „normales“, como los mansos. Siguen existiendo porque hay corridas de toros, si no, se extinguirían, ¿no te has dado cuenta de que sólo hay toros bravos en España?

¡Es verdad!, ¿pero por qué?

Pues porque un toro necesita fincas muy grandes, campos, etc. y eso cuesta dinero. Además un toro vive más de cuatro años como un rey en el campo, y sólo una tarde muere luchando.

15.3 Stierkampf

Man sagt, dass Stierkämpfe ein nationales Fest sind, oder?

Nun, es gibt ziemlich viele Stierkampfbegeisterte und ebenso viele, die es nicht sind oder die dagegen sind. Das ist eine Polemik, die schon Jahrhunderte andauert.

Aber die Arenen füllen sich immer!

Das ist von Zeit zu Zeit verschieden, zu manchen Zeiten sind sie beliebter als zu anderen. Im Augenblick, sagt man, ist ihre Zeit recht gut.

Damit wird viel Geld bewegt, stimmt's? Und die Toreros verdienen viel, vielleicht werden deshalb so viele Torero.

Alle diese Veranstaltungen bewegen Geld. Ich glaube jedoch nicht, dass die Mehrzahl der Toreros dies wegen des Geldes tut. Für sie ist es eine Kunst, wie sie selbst sagen. Außerdem, die, die heute Torero werden, nagen nicht am Hungertuch. Es gibt sogar welche aus reichen Familien, die Erfolg haben.

Wer mir leid tut, ist der arme Stier, warum lassen sie ihn nicht in Ruhe auf dem Feld bei seinen Kühen?

Die Kampfstiere sind keine „normalen“ Stiere wie die zahmen. Es gibt sie, weil es die Stierkämpfe gibt, wenn es sie nicht gäbe, würden sie aussterben. Hast du nicht festgestellt, dass es in Spanien nur Kampfstiere gibt?

Das ist richtig, aber warum?

Nun, weil ein Stier große Ländereien braucht, Felder etc., und das kostet Geld. Außerdem lebt ein Stier mehr als vier Jahre wie ein König auf dem Feld und an nur einem Nachmittag stirbt er im Kampf.

Pero no deja de ser cruel esa muerte …

Aber dieser Tod ist deshalb nicht weniger grausam.

Quizá, pero me parece más cruel la vida y la muerte de miles de vacas que no conocen otra cosa que un establo al que estar atadas para engordar. En vez de banderillas, a veces les inyectan hormonas.

Vielleicht, aber mir erscheint das Leben und der Tod von Tausenden von Kühen viel grausamer, die nichts kennen als den Stall, in dem sie angebunden sind, um fett zu werden. Statt der Banderillas werden ihnen Hormone injiziert.

Eso está mal también, pero una cosa no justifica la otra.

Das ist ebenso schlecht, aber eine Sache rechtfertigt nicht die andere.

Pero si no se protesta contra una, tampoco se debe protestar contra la otra … ¡Muchos de los que protestan contra las corridas se comen esas vacas!

Aber wenn man nicht gegen die eine protestiert, kann man gegen die andere auch nichts sagen … viele, die gegen den Stierkampf protestieren, essen diese Kühe.

Está visto que no nos pondremos de acuerdo …

Es ist klar, dass wir uns hier nicht einigen werden.

15.4 El flamenco

15.4 Der Flamenco

Otro tópico español es el flamenco …

Ein anderes spanisches Klischee ist der Flamenco.

¡Hombre claro! Muchos extranjeros se creen que aquí, los que no somos toreros somos bailadores, y que nos alimentamos sólo de paella.

Na klar! Viele Ausländer glauben, dass hier alle, die keine Toreros sind, Tänzer sind und dass wir uns nur von Paelle ernähren.

Todos los países tienen sus tópicos, eso es inevitable, a los alemanes los pintan siempre bebiendo cerveza, y a los italianos comiendo pastas … Pero el flamenco es muy bonito. A mí me gusta muchísimo.

Alle Länder haben ihre Klischees, das ist unvermeidlich, die Deutschen werden immer als Biertrinker dargestellt und die Italiener als Nudelesser … Aber der Flamenco ist sehr schön. Mir gefällt er sehr gut.

Y a mí, me gusta mucho, sobre todo, la guitarra flamenca.

Mir auch, mir gefällt er sehr, vor allem die Flamenco-Gitarre.

¿Sabes tocar la guitarra?

Kannst du Gitarre spielen?

¡Qué va! ¡Qué más quisiera! Me encanta, pero yo no sé tocar ni la pandereta ...

Aber nein! Nichts lieber als das! Mich begeistert sie, aber ich kann nicht einmal das Tamburin schlagen.

¿Y sabes bailar algo?

Und kannst du ein bisschen tanzen?

Bueno, bailar ... lo que se dice bailar ... Sé algunos pasos de sevillanas.

Also, tanzen ... was man so tanzen nennt. Ich kann einige Schritte der Sevillanas.

¿Las sevillanas son un baile flamenco?

Die Sevillanas sind ein Flamenco-Tanz?

No es flamenco puro, pero es un baile aflamencado, que además es muy popular. En casi todas partes se baila.

Es ist kein reiner Flamenco, aber er ist dem Flamenco ähnlich und er ist außerdem sehr beliebt. Er wird fast überall getanzt.

Pero más en Sevilla ¿no?

Aber am meisten in Sevilla, oder?

Sí, en Sevilla y en Andalucía es donde más se baila, claro.

Ja, in Sevilla und in Andalusien wird er am meisten getanzt, natürlich.

15.5 El clima y la geografía

15.5 Klima und Geographie

Oye, ¿qué tiempo hace en España normalmente? Suele hacer buen tiempo, ¿verdad?

Hör mal, was für ein Wetter ist normalerweise in Spanien? Es ist gewöhnlich schönes Wetter, nicht wahr?

Sí, en general hace muy buen tiempo, sobre todo si lo comparas con el de la mayoría de los países del resto de Europa.

Ja, im Allgemeinen ist das Wetter schön, vor allem, wenn man es mit der Mehrheit der restlichen Länder in Europa vergleicht.

En invierno debe ser ideal estar en España, porque no hará mucho frío.

Im Winter muss es ideal in Spanien sein, denn es wird nicht sehr kalt sein.

Hombre, pues sí, bien mirado mejor que en verano, que en muchos sitios hace un calor muy fuerte.

Also, nun ja, richtig gesehen, besser als im Sommer, wo es an vielen Orten wahnsinnig heiß ist.

Pero si te vas a la playa, es ideal.

Aber wenn man an den Strand fährt, ist es ideal.

Sí, en la playa sí, pero si en agosto te tienes que quedar en Madrid, o en Albacete, o en Córdoba, en cualquier sitio del interior, entonces te puedes cocer vivo.

Ja, am Strand schon, aber wenn du im August in Madrid sein musst oder in Albacete oder in Córdoba, an irgendeinem Ort im Landesinneren, dann kannst du lebendig gebraten werden.

¡No será para tanto!

So schlimm wird es auch nicht sein!

¿Que no? ¡A ti quisiera yo verte con más de cuarenta grados a la sombra!

Glaubst du das nicht? Ich möchte dich sehen bei mehr als vierzig Grad im Schatten.

¿Tanto calor hace?

So heiß ist das?

¿Qué te crees? ¿Por qué te piensas que las ciudades se quedan medio vacías esos meses y todo el que puede se va a la playa?

Was glaubst du denn? Warum, glaubst du, sind die Städte in diesen Monaten halb leer und alle, die können, fahren an den Strand?

Pero también será agradable estar en la ciudad sin atascos, sin montones de gente por todas partes …

Aber es muss auch angenehm sein, in der Stadt ohne Staus zu sein, ohne Menschenmassen überall …

Eso también es verdad. Hay a quien le gusta quedarse en las vacaciones en la ciudad y salir por la noche, a sentarse en las terrazas de los bares y a charlar hasta las tantas de la madrugada, sin prisas por madrugar el día siguiente.

Das ist auch richtig. Manchen gefällt es, in den Ferien in der Stadt zu bleiben, nachts auszugehen, sich auf die Terrassen der Bars zu setzen und bis tief in die Nacht hinein zu plaudern, ohne Eile, weil man am nächsten Tag früh aufstehen muss.

¿Tú que sueles hacer en los veranos?

Was machst du normalerweise im Sommer?

Pues yo me voy al norte, porque no soporto el calor. El año pasado estuve en Galicia y Asturias, y este año me voy a Cantabria y al País Vasco. Allí se está más fresquito, y el paisaje me encanta, todo verde.

Nun, ich fahre in den Norden, weil ich die Hitze nicht aushalten kann. Letztes Jahr war ich in Galicien und Asturien und dieses Jahr fahre ich nach Kantabrien und ins Baskenland. Dort ist es kühler und die Landschaft ist wunderschön, alles grün.

A mí, en cambio, me gustan los paisajes áridos.

Mir hingegen gefallen die trockenen Landschaften.

Entonces te recomiendo las llanuras de la Mancha. Sobre todo en los meses de otoño tienen unos colores preciosos.

Dann empfehle ich dir die Ebenen der Mancha. Vor allem im Herbst sind die Farben herrlich.

15.6 Rutas turísticas

15.6 Touristische Reiserouten

Tú que conoces bien España, ¿que rutas turísticas me recomendarías?

Da du Spanien gut kennst, welche touristischen Reiserouten empfiehlst du mir?

Eso depende de dos cosas, primero de tus gustos, y luego de la época del año en la que quieras viajar.	Das hängt von zwei Dingen ab, einmal von deinem Geschmack und dann von der Jahreszeit, in der du reisen möchtest.
Pues no sé, ¿qué me recomendarías en primavera?	Also ich weiß nicht, was würdest du mir im Frühjahr empfehlen?
Pues, por ejemplo, la ruta de los pueblos blancos, en Andalucía.	Nun, zum Beispiel die Route der weißen Dörfer, in Andalusien.
Debe ser muy bonito …	Das muss sehr hübsch sein.
¡Precioso! ¡No te imaginas!	Wunderschön! Das kannst du dir nicht vorstellen!
¿Y si fuera en otoño?	Und im Herbst?
Pues yo que tú, en esa época haría la ruta de los monasterios medievales, en la Rioja y Castilla, o la de los castillos …	An deiner Stelle würde ich in dieser Zeit die Route der mittelalterlichen Klöster machen, in der Rioja und in Kastilien, oder die Schlössertour …
¿Y para ver algo más exótico?	Und um etwas Ausgefalleneres zu sehen?
Pues puedes conocer la España musulmana, o la España judía.	Nun, du kannst das maurische Spanien kennenlernen oder das jüdische.
¿Son ciudades sólo moras o judías?	Sind das rein maurische oder jüdische Städte?
¡Qué va! En España todo está mezclado, mira por ejemplo Toledo, ahí tienes un ejemplo de la convivencia de distintas culturas, y una joya artística.	Keineswegs! In Spanien ist alles gemischt, sieh dir zum Beispiel Toledo an, dort hast du ein Beispiel des Zusammenlebens verschiedener Kulturen, und es ist ein künstlerisches Juwel.
¿Y Granada?	Und Granada?
Pues dicen, que quien no ha visto Granada, no ha visto nada. Pero lo que puedes hacer es pedir folletos en una oficina de turismo.	Nun, man sagt, wer Granada nicht gesehen hat, hat nichts gesehen. Aber was du tun könntest, wäre, Prospekte in einem Fremdenverkehrsamt zu besorgen.

15.7 Hispanoamérica

15.7 Hispanoamerika

¿Tú has estado alguna vez en Hispanoamérica?

Warst du schon einmal in Hispanoamerika?

Pues sí, he estado en varios países, conozco un poco Hispanoamérica, porque es tan grande y hay tantas diferencias de unas partes a otras que es inabarcable aunque estés muchos meses viajando sin parar.

Ja, ich war in verschiedenen Ländern, ich kenne Hispanoamerika etwas, denn es ist so groß und es gibt so viele Unterschiede von einem Teil zum anderen, dass man nicht alles schafft, auch wenn man viele Monate ohne Unterbrechung reist.

¿Tantas diferencias hay?

So große Unterschiede gibt es?

La verdad es que sí, ¡imagínate!, desde la Patagonia hasta Méjico, pasando por los Andes, el Amazonas y el Caribe …

Das ist wirklich so, stell dir vor, von Patagonien bis Mexiko, über die Anden, den Amazonas und die Karibik.

¿Y qué es lo que hay en común?

Und was gibt es an Gemeinsamkeiten?

Sobre todo el idioma, que se habla español, y también algunos hábitos culturales. Ahora también comparten, desgraciadamente, una grave crisis económica en casi todas partes. Tienen el problema de la deuda externa y, en algunos casos, las estructuras políticas son inadecuadas para afrontar la crisis.

Vor allem die Sprache, die spanisch ist, und auch einige kulturelle Bräuche. Im Augenblick teilen sie leider auch eine schwere Wirtschaftskrise fast überall. Sie haben das Problem der Auslandsverschuldung, und in manchen Fällen sind die politischen Strukturen nicht geeignet, um mit der Krise fertig zu werden.

Me imagino que la gente vivirá bastante mal.

Ich stelle mir vor, die Leute leben ziemlich schlecht.

Bueno, al menos en el aspecto económico se vive peor que en Europa, por ejemplo. Además las diferencias sociales son muy grandes.

Nun, zumindest vom wirtschaftlichen Gesichtspunkt aus lebt man schlechter als in Europa zum Beispiel. Außerdem sind die sozialen Unterschiede sehr groß.

¿Sabes cuál es el país más poblado de Hispanoamérica?

Weißt du, welches das meistbevölkerte Land in Hispanoamerika ist?

Pues no sé … Quizá Argentina …

Ich weiß nicht … Vielleicht Argentinien?

¡Qué va! Argentina es el más extenso, tiene más de tres millones setecientos mil kilómetros cuadrados de superficie, pero sólo unos treinta millones de habitantes.

Aber nein! Argentinien ist das größte, es hat mehr als drei Millionen siebenhunderttausend Quadratkilometer an Oberfläche und nur etwa dreißig Millionen Einwohner.

¿Y entonces cuál es el más poblado?

Und welches ist dann das meistbevölkerte?

El país hispanoamericano con más habitantes es México, que tiene unos setenta millones de habitantes.

Das lateinamerikanische Land mit der größten Bevölkerung ist Mexiko, es hat etwa siebzig Millionen Einwohner.

¿Es lo mismo Hispanoamérica que América Latina?

Ist Hispanoamerika das Gleiche wie Lateinamerika?

Aunque a veces se confunden los términos, si se quiere precisar se llama Hispanoamérica a los países de América Latina donde se habla español.

Auch wenn man die Begriffe manchmal durcheinanderbringt, wenn man präzise sein will, nennt man die Länder Lateinamerikas, in denen Spanisch gesprochen wird, Hispanoamerika.

En otros países de Latinoamérica se habla también portugués y francés. Y en casi todos los países se siguen hablando junto al español algunas lenguas indígenas.

In anderen Ländern Lateinamerikas spricht man auch Portugiesisch oder Französisch. Und in fast allen Ländern spricht man immer noch neben Spanisch einige Eingeborenensprachen.

En muchos países de América Latina todavía se conservan maravillosas muestras de arte precolombino.

In vielen Ländern Lateinamerikas sind immer noch wunderbare Beispiele der präkolombinischen Kunst vorhanden.

Tras la conquista de América, la cultura europea se implantó allí y dejó hermosas huellas artísticas, como el estilo barroco colonial.

Nach der Eroberung Amerikas machte sich die europäische Kultur dort breit und hinterließ wunderbare Spuren der Kunst, wie den barocken Kolonialstil.

Una élite criolla llevó a cabo desde 1810 el movimiento emancipador que acabaría con la independencia de las colonias españolas en América.

Eine kreolische Elite leitete ab 1810 die Unabhängigkeitsbewegung, die mit der Unabhängigkeit der spanischen Kolonien in Amerika endete.

En 1898 España perdió sus últimas colonias en América, cuando Cuba se independizó y Puerto Rico pasó a depender de los Estados Unidos.

Im Jahre 1898 verlor Spanien seine letzten Kolonien in Amerika, als Kuba sich unabhängig machte und Puerto Rico in die Abhängigkeit der Vereinigten Staaten überging.

15.8 El medio ambiente

15.8 Die Umwelt

¡Qué barbaridad! ¡No sé adónde vamos a ir a parar!

Das ist ja schrecklich! Ich weiß nicht, wohin das noch führen soll!

¿Qué te pasa, hombre? ¿Por qué dices eso?

Was ist los? Warum sagst du das?

Pues porque acabo de leer el periódico y es una vergüenza lo que ocurre con el medio ambiente, ¡lo estamos destrozando todo!

Nun, ich habe gerade die Zeitung gelesen, und man sollte sich schämen, was mit der Umwelt passiert, wir machen alles kaputt!

¿Qué ha pasado ahora?

Was ist denn passiert?

Pues en un parque nacional han muerto miles de pájaros y no se sabe por qué, aunque se sospecha que la culpa es de los pesticidas.

Nun, in einem Nationalpark sind Tausende von Vögeln gestorben und man weiß nicht warum, auch wenn man vermutet, dass es die Schuld von Pestiziden ist.

Pero parece que la flora está si cabe más en peligro, con los incendios forestales nos estamos quedando sin bosques ... Por no hablar de la lluvia ácida y la desforestación.

Aber es scheint, als wäre die Pflanzenwelt in größerer Gefahr, wegen der Waldbrände werden wir bald keine Wälder mehr haben … Ganz zu schweigen vom sauren Regen und der Abholzung der Wälder.

A mí lo que están haciendo en la Amazonia me parece que es un auténtico crimen, una canallada. Como sigan en ese plan no sé que vamos a respirar dentro de unos años ...

Für mich ist das, was in Amazonien geschieht, ein wirkliches Verbrechen, eine Schurkerei. Wenn sie so weitermachen, weiß ich nicht, was wir in einigen Jahren atmen werden …

Desde luego que el problema es general ... Yo creo que la gente debería estar más concienciada.

Selbstverständlich ist das Problem ganz allgemein … Ich glaube, dass die Leute mehr Umweltbewusstsein haben sollten.

Ahora es mejor que hace unos años, por lo menos se habla cada vez más del tema y las denuncias por lo menos se escuchan.

Jetzt ist es besser als vor einigen Jahren, wenigstens spricht man immer mehr davon, und auf die Anzeigen hört man jetzt wenigstens.

Sí, pero mucha gente no ha llegado a tener conciencia de que eso es cosa de todos.

Ja, aber viele Leute sind noch nicht so weit, dass es ihnen bewusst wäre, dass es alle angeht.

Bueno, no todo el mundo puede participar en alguna asociación ecologista.

Gut, nicht jeder kann in einer ökologischen Vereinigung sein.

No me refiero a eso, sino a la actitud. Hay mucha gente que va al campo o a la playa y dejan todo lleno de basura. Con eso lo que

Das meine ich nicht, sondern die Haltung dazu. Es gibt viele, die aufs Land oder an den Strand fahren und alles voller Unrat zurücklassen.

hacen, es que están poniendo su granito de arena para la degradación del medio ambiente ... ¡por no hablar del agujero de ozono y del efecto invernadero!

Damit tragen sie ihr Sandkörnchen zur Umweltzerstörung bei ... ganz zu schweigen vom Ozonloch und dem Treibhauseffekt!

Es verdad, en eso llevas toda la razón del mundo. Con todo y con eso no creo que sea lo más grave. A mí me parece que la cuestión de las nucleares es mucho más peligrosa que toda la basura que se puedan dejar tirada los domingueros ...

Das stimmt, hier hast du vollkommen recht. Aber bei alldem glaube ich nicht, dass das das Schlimmste ist. Mir scheint, dass die Frage der Kernkraftwerke viel gefährlicher ist als all der Unrat, den die Sonntagsausflügler hinterlassen ...

Pues sí, ahora cada dos por tres se oye hablar de fallos en los sistemas, „que no revisten gravedad ni son motivos de alarma para la población“, dicen, pero a mí me dan muy mala espina. No me fío.

Ja, jetzt hört man ständig von Zwischenfällen im System, „die nicht schwerwiegend sind und kein Grund zur Alarmierung der Bevölkerung“, wie man sagt, aber mir kommt das verdächtig vor, ich traue dem nicht.

Yo tampoco me fío ni un pelo de lo que digan, siempre le quitan importancia a todo. Pero yo, ¿qué quieres que te diga? Antes no me había planteado mucho lo de las nucleares, pero desde que ocurrió aquel accidente en Rusia, me da bastante miedo.

Ich traue dem auch kein bisschen, was sie erzählen, sie stellen das immer als unwichtig hin. Aber ich, was soll ich sagen? Früher habe ich nicht viel über die Atomkraftwerke nachgedacht, aber seit dem Zwischenfall in Russland habe ich ziemlich Angst.

¡Desde luego! Tendrían que invertir más en desarrollar fuentes de energía alternativas, que no contaminen y no sean peligrosas.

Na klar! Man müsste mehr investieren in die Entwicklung alternativer Energiequellen, die die Luft nicht verschmutzen und auch nicht gefährlich sind.

¡Fíjate tú, en un país como España, con tanto sol! ¡Las posibilidades que tendría la energía solar!

Stell dir einmal vor! In einem Land wie Spanien, mit so viel Sonne! Was für Möglichkeiten gäbe es da mit der Sonnenenergie!

Sachregister

Fett gedruckte Seitenzahlen verweisen auf Kapitelüberschriften

Índice

Los números de las páginas en **negrilla** se refieren a los títulos de los capítulos.